Managers,
faites-en moins !

Éditions d'Organisation
Groupe Eyrolles
61, bd Saint-Germain
75240 Paris cedex 05

www.editions-organisation.com
www.editions-eyrolles.com

Du même auteur

– *Le manager durable*
– *N'obéissez plus !*
– *Pourquoi j'irais travailler*
– *Au lieu de motiver, mettez-vous donc à coacher !*
– *Le manager est un psy*

© Groupe Eyrolles, 2007
ISBN : 978-2-212-53901-1

Éric ALBERT

Managers,
faites-en moins !

EYROLLES

Éditions d'Organisation

Remerciements

Quand on lance de nouvelles idées dans l'entreprise comme celle qui, portée par ce livre, consiste à pousser les dirigeants à simplifier le rôle des managers en le rendant plus cohérent avec les enjeux de l'entreprise, il faut des dirigeants qui s'impliquent et une équipe qui la déploie. Merci donc aux dirigeants qui, sans avoir eu besoin de multiples expériences réussies avant de commencer à se lancer, ont transformé avec nous une intuition de départ en une méthode d'optimisation de l'efficacité des entreprises. Je pense notamment parmi eux à Nicolas Dufourq, Éric Lombard, Denis Olivennes et Yann Gérardin. Merci à l'équipe de l'Ifas qui, avec confiance, bonne humeur et exigence, améliore en permanence la méthode.

Merci aussi à Roxane et Marie dont l'affection quotidienne m'est indispensable.

Sommaire

V

Deuxième partie

CONSTRUIRE SA « COHÉRENCE
STRATÉGIQUE INTERNE »

Troisième partie

SOULAGER LES MANAGERS

Préface

Il y a quelques mois, j'introduisais un séminaire de direction de la Fnac en présentant mon invité de la façon suivante : « *Le docteur Sigmund Albert va se joindre à nous pour ausculter de près nos névroses collectives.* » Évidemment, c'était une boutade. Éric Albert est bien un psychiatre de formation, mais il est devenu tout autre chose aujourd'hui. En l'occurrence, un obstétricien : un accoucheur de modernisation. Loin des gourous qui déploient des concepts aussi brillants qu'artificiels, les conseils utiles qu'il prodigue relèvent d'une vision empirique et simple que je résumerai ainsi : « Managers, vous allez avoir à manager ! » La lapalissade n'est qu'apparente.

Manager, dit-il, c'est tout d'abord gérer la **complexité**. Les organisations de nos entreprises sont à la fois transversales et horizontales. Les stratégies changent au gré de l'actualité. Les projets se multiplient. Les priorités s'additionnent. Chaque matin ou presque le collaborateur apprend qu'il a un nouvel objectif à intégrer dans la planification de ses tâches. Ce livre montre comment simplifier bien sûr, mais surtout, il insiste sur un fait bien connu en théorie mais si souvent occulté en pratique : la responsabilité de simplifier incombe d'abord aux dirigeants ; ou, dit-il encore autrement, diriger c'est simplifier la vie de ses collaborateurs. Ce n'est pas facile, car les dirigeants sont naturellement plus tentés par les sujets stratégiques et les missions d'interface avec l'extérieur. Pourtant, diriger, c'est avant tout savoir choisir entre les priorités. Le bon dirigeant, le dirigeant efficace, celui qui réussit, est celui qui a appris à renoncer à certains objectifs pour permettre à ses collaborateurs de se concentrer avec persévérance sur l'essentiel.

Cette nécessité de simplification va de pair avec l'impératif de **cohérence** interne. L'un des messages forts du livre est que cette cohérence interne est spécifique à chaque entreprise. Elle se déduit de la stratégie, des conditions d'efficacité collective propres au contexte de la société et des comportements individuels nécessaires. Il ne s'agit pas de reproduire un modèle idéal qui aurait marché dans telle ou telle *success story*. Chaque entreprise doit inventer sa propre cohérence pour donner du sens et indiquer clairement à chacun les comportements qui doivent être les siens.

Comportement : c'est le troisième mot clé de ce livre. L'attitude des collaborateurs et *a fortiori* celle des managers et des dirigeants est la clé majeure du succès ou de l'échec. À l'évidence nous avons, en France, tendance à survaloriser la compétence technique et à considérer qu'un bon professionnel ne peut faire que du bon travail. Or dans les activités de services, la technique sans les comportements est inutile, voire nuisible. Si l'on souhaite avoir une action efficace sur les comportements des collaborateurs, encore faut-il préciser ce qu'on attend d'eux. Et savoir que l'attitude des managers va induire celle des collaborateurs. Enfin, il importe d'évaluer ces attitudes et de les encourager. Sur ce dernier point, aussi, ce livre balise le terrain pour agir au quotidien.

Managers, faites-en moins ! Mais faites-le mieux ! Car si les dirigeants assument leur mission de simplification, de mise en cohérence interne et de précision des attentes en matière d'attitudes, il est alors légitime qu'ils se montrent exigeants, comme le requièrent la bonne marche et le développement de leur entreprise, dans un monde concurrentiel toujours plus âpre. Trop souvent, ayant exprimé en interne leurs attentes en termes de résultats, les dirigeants oscillent entre un interventionnisme tatillon qui relève du micromanagement et une délégation globale qui se limite à relever les compteurs de la performance. Éric Albert nous rappelle que le dirigeant, délivré de l'opérationnel au quotidien, doit être concentré sur la vision globale ; mais à condition de donner de la cohérence et de savoir renoncer. Alors, et alors seulement, il peut remplir ce rôle essentiel : ne jamais céder sur l'exigence, laquelle, dès lors, devient légitime.

Denis Olivennes

Introduction

– « Globalement, je suis très satisfait de ta performance cette année.
– Merci. Il est vrai que j'ai dépassé les objectifs qu'on s'était fixés de 10 % et que sur le plan managérial, mes collaborateurs ont bien progressé.
– Parlons justement de ton management. Si je reprends notre référentiel – leadership, conduite du changement, travail en équipe, initiatives – centré sur les résultats et les clients, tout va bien. Mais il faut aussi prendre en considération la "vision". Quelle est ta vision de l'entreprise ?
– Ma vision ? C'est d'atteindre nos objectifs...
– Ce n'est pas ça une vision. Une vision consiste à aller au-delà des objectifs, ce doit être porteur d'espoir.
– Tu as une vision, toi ?
– Là n'est pas la question. C'est TON entretien annuel que tu es en train de passer. Comme tu n'as pas de vision, ce sera ton objectif de progrès pour l'année prochaine. Il faudra qu'on l'intègre dans ton plan de développement. »

Ceci est une saynète à peine caricaturale de la vie des managers. La question n'est pas tant ce qu'ont à faire les managers (tout) que ce qu'ils pourraient ne pas faire. Être manager aujourd'hui, c'est évidemment être garant des résultats et de la croissance de l'entreprise.

Mais c'est aussi, en vrac :

- développer ses collaborateurs ;
- gérer les désaccords ;
- motiver son équipe ;
- favoriser la transversalité ;
- permettre la mobilité ;
- être un recours en situation de crise ;
- être la boîte à idées des améliorations à mettre en place ;
- être le relais de l'information ;
- participer à un comité de direction ;
- décliner la stratégie au niveau de son équipe ;
- suivre ses collaborateurs ;
- prendre les décisions ;
- sanctionner et féliciter ;
- donner un avis compétent en lien avec le secteur dirigé ;
- faire en sorte que son équipe s'entende bien avec les autres équipes ;
- être disponible pour les projets prioritaires et transversaux ;
- …

Arrêtons là l'énumération, non pas qu'elle soit achevée mais par crainte de lasser le lecteur (dès l'introduction, ce serait regrettable). Le manager, lui, est lassé depuis longtemps. Sa réaction est simple, il comprend très vite l'échelle de valeurs de ceux qui l'évaluent. En général, elle repose principalement sur la capacité à produire de bons résultats opérationnels, et il s'y conforme. Il montre ensuite à quel point il est débordé, anticipant ainsi des critiques éventuelles sur son mode de management ou sur n'importe quel autre rôle qu'il aurait dû remplir. Le manque de temps devient alors le prétexte absolu pour ne rien faire d'autre que de produire des résultats en essayant tous les ans de faire un peu plus avec un peu moins.

Ajoutons à cela, comme dans tous les grands groupes, une dose d'organisation matricielle et une dimension internationale donc multiculturelle, et le manager, lorsqu'il n'est pas dans un avion, passe des heures sur sa petite machine électronique qui lui déverse des e-mails en permanence. Machine avec laquelle il entretient une relation de dépendance/rejet, à la fois stimulé par les informations qu'il reçoit et en même temps découragé par ce flot continu.

Crise du management

Cette surcharge, l'absence de reconnaissance de l'acte managérial, l'ensemble des soucis liés aux responsabilités, la complexité du jeu relationnel et des organisations, conduisent de nombreux candidats naturels au poste de manager à hésiter. D'autant que les inévitables restrictions de coût qui ont touché tous les compartiments de l'entreprise, et notamment les fonctions, ont ajouté de nouvelles tâches. Par exemple, dans le domaine des ressources humaines ou de la finance, il est demandé aux managers de suppléer au manque d'effectifs dans la gestion de carrière, le recrutement d'un côté et le suivi budgétaire et le contrôle de gestion de l'autre.

On commence à voir certains managers confirmés déclarer ne plus vouloir de poste à responsabilité managériale. Nous n'en sommes pas à ne pas trouver de managers. Encore que… Les DRH que nous rencontrons témoignent souvent du manque de candidats à la responsabilité managériale : « Pour être chef de projet, nous avons des candidats mais ils ne veulent pas avoir à s'occuper des autres. » Il reste que l'envie de prendre du galon et la reconnaissance financière et sociale qui va avec demeurent un puissant moteur. Pour autant, ce n'est pas la fonction qui est recherchée la plupart du temps, mais le titre et les attributs qui y sont associés. Ou, plus naïvement encore, l'envie d'être « chef » sans en réaliser réellement les conséquences.

Cette crise est accentuée par l'écart qui se creuse entre les dirigeants et les managers. Les premiers adoptent la logique de l'actionnaire et trouvent leur valeur ajoutée sur les questions stratégiques. Les seconds ont à mettre en œuvre.

Des dirigeants qui mettent la pression

Pendant longtemps les dirigeants ont pu être performants sans avoir à s'occuper de questions managériales. Leur domaine était celui de la stratégie et de l'organisation. De plus, ils s'occupaient des interfaces extérieures, d'image, de communication externe. Sur le plan des hommes, seules les questions de nomination et de rémunération les concernaient. Pour le reste, il fallait que cela suive et, de fait, la plupart du temps ça suivait.

C'est que le modèle managérial était simple : directement issu du taylorisme, il s'agissait de bien organiser le travail, de veiller aux coûts et de mettre la pression sur tous. Aujourd'hui, ce mode de management ne fonctionne plus. Les collaborateurs ne sont plus de simples exécutants, on leur demande de s'adapter et d'apporter de la valeur ajoutée par leur capacité de réflexion. S'ils ressentent trop de pression, ils redeviennent de simples exécutants et toute la chaîne de valeur s'appauvrit, sans compter que les meilleurs s'en vont. Car s'il y a bien une chose que les salariés ne supportent plus, ce sont les petits chefs.

Les marchands de rêves et les garçons de café

Si le manager ne peut plus se contenter d'être un relais de pression, il fait lui-même l'objet de pressions très fortes de la part des dirigeants. Ceux-ci sont devenus des marchands de rêves pour actionnaires. Choisissez-moi et je vous promets de faire plus, d'aller plus vite, de gagner des places dans la compétition avec les concurrents et des points de rentabilité. La plupart d'entre eux fixent les objectifs et laissent les managers en charge de les atteindre.

Comment ? Ce n'est plus leur domaine de compétence. À chacun ses responsabilités ; eux fixent le cap, aux managers de faire en sorte d'atteindre les objectifs. De plus en plus, les dirigeants sont perçus comme les clients d'un restaurant confortablement installés qui passent commande, et les managers comme le personnel (serveurs et cuisiniers) qui n'a qu'à se débrouiller pour y répondre. Ces derniers voient encore leur tâche complexifiée par les changements permanents alors que leur rôle de manager est toujours le même.

Un management idéalisé dans un environnement mouvant

Tout bouge dans l'entreprise. La stratégie d'abord, en fonction de l'environnement, des clients et des concurrents ; l'organisation ensuite, si fréquemment que tous en sont lassés ; les hommes et les femmes enfin, happés par des carrières de plus en plus internationales. Ce mouvement correspond à des choix, des options prises par les dirigeants selon les circonstances. Heureusement d'ailleurs que des choix sont faits. Personne ne demande à l'entreprise de courir plusieurs lièvres à la fois. Au contraire, on attend qu'elle définisse une stratégie qui consiste à faire des choix. Ne faites pas tout, enjoignent les actionnaires aux dirigeants, mais choisissez avec discernement et faites-le bien !

La consigne ainsi transmise aux managers par leurs dirigeants devient : vous devez tout faire et être les meilleurs dans tout. En effet, alors que la stratégie et l'organisation changent, le rôle des managers, lui, reste le même. Les responsables des ressources humaines, influencés par les consultants et répondant à la mode, établissent des référentiels de compétences. Ces référentiels pour les managers sont construits sur le même modèle que ceux des experts : ils ont vocation à être universels. Ce sont les mêmes pour tous les managers, quels que soient leur âge et leur secteur d'activité. Les nuances se font en fonction du niveau hiérarchique et donc du nombre de collaborateurs. Comme ils ont été établis par des gens sérieux, ils sont exhaustifs. Rien n'a été oublié, toutes les situations ont été prévues. Le référentiel devient une sorte d'absolu que personne n'atteindra jamais mais tout le monde fait semblant de croire qu'il doit être appliqué par les managers.

Cela revient à dire que dans une entreprise où tout est priorisé, le manager, lui, est censé être un être complet qui réalise tout et possède l'ensemble des compétences. Présentée comme cela, la fonction est moins attrayante !

L'exigence de cohérence et de simplicité

Cette incohérence entre les changements de l'entreprise et le modèle figé de ce que doit faire le manager n'est qu'une petite parcelle de la multitude d'incohérences perçues au quotidien par les collaborateurs.

Sur quoi pourrait reposer la perception de cohérence interne ? La stratégie ? Bien souvent, les collaborateurs disent ne pas la connaître ou ne pas la comprendre. L'organisation ? Elle change en permanence, dans une sorte de quête mythique de l'organisation idéale. Ce qui conduit d'ailleurs à retrouver à quelques années d'intervalle, après en avoir tentées plusieurs autres entre-temps, des organisations similaires. Les comportements des acteurs ? Ce qui frappe, c'est évidemment la montée de l'individualisme et le décalage qui existe entre les discours débordants de bons sentiments portés par les valeurs des entreprises et la réalité des comportements. Implicitement, cette dérive comportementale est validée par l'évaluation des individus qui repose presque exclusivement sur leur performance personnelle. Le cadre relationnel entre les salariés et l'entreprise ? Il est principalement d'ordre juridique. Quels sont les dirigeants qui osent une promesse partagée avec leurs collaborateurs ?

Il est vrai que trouver de la cohérence dans la complexité du monde dans lequel on vit n'est pas une mince affaire. Cela explique peut-être pourquoi les dirigeants préfèrent se laisser immerger dans la gestion des affaires courantes plutôt que de veiller à faire en sorte de produire de la cohérence interne dans leur entreprise. D'ailleurs, l'absence de cohérence ne produit que du coût masqué. On ne mesure pas l'énergie perdue dans les luttes de pouvoir, de frontières ou les jeux politiques. On ne compte pas le coût de la démotivation. On ne comptabilise jamais vraiment les coûts des réorganisations successives.

Notre propos dans ce livre est le suivant : plus l'entreprise est confrontée à un environnement complexe, plus la pression extérieure est forte, plus son organisation doit s'adapter, plus ses collaborateurs ont une valeur ajoutée de réflexion, **plus l'efficacité de l'entreprise repose sur**

11

sa cohérence interne et une simplification de la part des **dirigeants**. Cette cohérence interne doit se décliner à un double niveau : une cohérence structurelle et une cohérence du modèle managérial.

L'entreprise, secouée par un environnement mouvant et des contraintes contradictoires, doit être beaucoup plus vigilante à sa cohérence interne entre la stratégie et l'organisation bien sûr, mais en intégrant aussi les comportements des acteurs. Lorsque cette cohérence est clairement définie, elle permet de simplifier en **limitant le rôle des managers** de telle façon que ce qu'on leur demande devient spécifique à l'entreprise et à son contexte. Enfin, pour alléger le poids qui pèse sur eux, les managers ont un chemin personnel à parcourir et doivent rétablir eux-mêmes la hiérarchie de leur valeur ajoutée. **Managers, faites-en moins mais ciblez** ce que vous allez faire en fonction de la cohérence de votre entreprise.

Ceux qui s'attendent à trouver une liste de recettes qui remplissent les livres de gestion du temps vont être déçus. Les interfaces et interdépendances sont telles que pour en faire moins la démarche collective est incontournable. Aussi commencerons-nous par montrer comment l'entreprise doit construire sa cohérence interne, puis les trois derniers chapitres reviendront sur la marge de manœuvre de chaque manager pour mieux gérer cette énorme charge qui pèse sur eux.

Première partie

LA COHÉRENCE
AU CŒUR DE L'EFFICACITÉ

Tout au long de ce livre nous différencions la fonction managériale de la fonction de dirigeant. Ce n'est pas seulement parce que les dirigeants se révèlent souvent de piètres managers. Pour nous, le dirigeant est celui qui pèse sur les décisions stratégiques en participant à un comité exécutif soit de l'entreprise soit de l'une de ses entités. Le manager, dont la valeur ajoutée est de faire faire, n'a pas ce pouvoir. On lui demande, la plupart du temps, de décliner la stratégie définie plus haut et surtout d'atteindre les objectifs qui ont été fixés.

Chapitre 1

L'efficacité, seule réelle finalité

Tout a été dit sur l'importance du client, la nécessité de s'adapter à son environnement et le besoin de penser mondial. Pour autant, cela ne décrit pas vraiment ce qui rend une entreprise efficace.

Le monde de l'entreprise est en perpétuelle recherche d'une meilleure efficacité. Efficacité stratégique d'abord : c'est elle qui positionne l'entreprise, lui fait faire les choix qui l'orientent vers les bons marchés avant ou autrement que les concurrents. Efficacité sur le court terme, que l'on peut résumer par le fait d'obtenir la meilleure rentabilité entre le prix de vente et le prix de production en produisant la meilleure qualité qui permet de garder ses clients. Efficacité sur le moyen terme, qui consiste à maintenir le meilleur niveau de performance de ses salariés en termes d'innovation, d'amélioration des compétences et de fonctionnement collectif ; elle repose aussi sur un bon usage des investissements. Efficacité sur le long terme, qui contribue au développement durable de l'entreprise elle-

© Groupe Eyrolles

même (par sa stratégie, sa rentabilité et l'optimisation de ses ressources internes) et de son environnement au sens le plus large du terme (écologique, social, etc.).

Le monde de l'entreprise a-t-il une autre finalité ? Ce n'est pas sûr. Beaucoup mettent en avant l'intérêt partagé par les quatre acteurs que sont les clients, les salariés, les actionnaires et la société. Cet intérêt ne peut être négligé mais il n'est qu'une conséquence de l'efficacité. Conséquence heureuse qui vient couronner le résultat de la mise en œuvre de l'efficacité.

Curieusement, lorsqu'on demande aux dirigeants sur quel modèle d'efficacité ils s'appuient, il est rare qu'ils sachent clairement répondre. Plus précisément, ils limitent le modèle à la stratégie en l'enrichissant parfois de l'organisation. Être efficace consisterait pour eux à définir la bonne stratégie en fonction de son environnement puis à mettre en place l'organisation la mieux adaptée pour décliner cette stratégie. Tout cela n'est pas contestable, cependant…

L'opportunisme comme paresse stratégique

Bien souvent les dirigeants n'ont en réalité pas de véritable stratégie ou plus exactement leur stratégie consiste à être en alerte par rapport aux opportunités et à chercher à les saisir plus vite que leurs concurrents. De fait, ce sens de l'opportunité peut être payant et permet de faire des « coups ». Pour autant, cela ne peut être considéré comme une stratégie. Définir une stratégie suppose de faire des choix, et faire des choix, c'est prendre des risques et renoncer à certaines opportunités. L'immobilisme stratégique est de plus en plus dangereux dans un monde où, d'une part, les entreprises des nouvelles économies montrent un sens de l'initiative et de la prise de risque, et où, d'autre part, rien n'est plus facile que de trouver de l'argent lorsqu'on fait preuve d'audace. Les exemples d'Arcelor, de Pechiney et plus encore l'ABN AMRO devraient donner des insomnies aux dirigeants d'entreprises cotées et les pousser à se montrer beaucoup plus disposés à faire des choix clairs.

Bien souvent les dirigeants rechignent à prendre le risque de dire à l'avance à quoi ils renoncent et encore plus à exprimer leur vision de l'avenir. Cela pourrait les engager et mettre en évidence qu'ils se sont personnellement trompés. Leur stratégie se limite alors à gérer les nombreux événements qui viennent émailler le quotidien de l'entreprise et à réagir aux opportunités qui se présentent. Ce n'est heureusement pas le cas de tous. Ceux qui émergent, comme Carlos Ghosn, montrent au contraire qu'ils sont prêts à s'investir personnellement, quitte à se mettre en danger.

L'efficacité : un art d'exécution

Certes, la stratégie importe ; il s'agit de ne pas commettre de grandes erreurs qui conduiraient l'entreprise à aller à contre-courant. Plus encore, diront les experts du domaine, l'enjeu est à la fois de se différencier mais aussi d'être parfaitement en phase avec son environnement. Pour autant la stratégie ne suffit pas, loin de là. Une fois déterminée, toute la difficulté est de la mettre en œuvre. On peut voir au sein d'une entreprise différentes entités régionales opter pour la même stratégie et obtenir des résultats très variables. En réalité, lorsqu'on interroge les dirigeants, ils admettent volontiers que le véritable élément de différenciation entre eux repose sur la mise en application de la stratégie. Ce constat a été fait au cours d'une étude du MIT qui montre que des grands groupes d'un même secteur peuvent avoir des stratégies complètement opposées et réussir aussi bien l'un que l'autre. La performance dépendrait ainsi plus de la mise en œuvre que de la stratégie elle-même. Au quotidien, c'est du manager plus que du stratège que dépend l'efficacité de l'entreprise.

Pas d'efficacité sans cohérence

La plus grande difficulté des entreprises est de faire travailler ensemble leurs collaborateurs dans le même sens. Cette difficulté est liée principalement à trois paramètres.

Le premier est extérieur. Il s'agit du rythme et de la quantité de changements du monde dans lequel évolue l'entreprise. Ce que le client voulait un jour, il ne le veut plus le lendemain. Ce que le concurrent ne faisait pas hier, il le fera demain. Ce qui était sûr, devient incertain. C'est l'effet « battement d'ailes du papillon » : l'émergence d'un nouveau virus à l'autre bout de la planète conduit le consommateur français à modifier sa consommation de volaille. Aucune activité n'est désormais à l'abri de ces éléments contextuels.

Le deuxième paramètre est organisationnel. Pour des raisons de fluidité de l'information et pour éviter que se créent des silos dans les entreprises, ces dernières ont choisi un mode d'organisation matriciel dans lequel chaque collaborateur satisfait à une double logique. L'une, technique, répond à une logique de métier ; l'autre est géographique ou correspond à un centre de profits. On conçoit aisément que chacune de ces logiques fasse pression pour que le collaborateur la privilégie. Celui-ci est donc pris dans des contraintes parfois contradictoires.

Le troisième paramètre est lié à la responsabilisation des collaborateurs. De plus en plus, on attend d'eux, quel que soit leur niveau hiérarchique, qu'ils se montrent responsables. En pratique, cela signifie qu'ils n'ont pas à attendre passivement que les ordres arrivent mais qu'ils doivent comprendre le sens de l'action et agir ensuite à partir d'initiatives qu'ils prendront, compte tenu de leur environnement.

En somme, l'environnement change si vite qu'il faut en permanence faire des ajustements stratégiques ; les collaborateurs sont dans des organisations où les pressions qu'on leur fait subir sont partiellement contradictoires et chacun doit être apte à prendre des initiatives, là où il est, par rapport aux circonstances qu'il rencontre. Comment faire travailler des centaines, voire des dizaines de milliers de personnes, dans un contexte comme celui-là ? Voilà pourquoi il est indispensable de redonner un cadre collectif qui s'applique à toute l'entreprise et qui définisse la cohérence vers laquelle elle se dirige.

Chapitre 2

La cohérence
est contextuelle

À la recherche de la cohérence

- « Je ne comprends rien. Il y a six mois, la politique était "Conquête du client à tout prix, même en baissant nos marges". Et là, tu me dis qu'il faut se recentrer sur la rentabilité !
- Qu'est-ce que tu veux, je n'y peux rien, ce sont les directives du comité exécutif. Il semblerait que les analystes commencent à critiquer notre stratégie.
- Il aurait peut-être fallu y penser avant, parce qu'après avoir mis mon autorité auprès des équipes pour qu'elles prennent plus de risques, juste au moment où ça commence à marcher, je ne vois vraiment pas comment je vais leur expliquer le contraire.
- Ça, c'est à toi de voir. C'est ton boulot de manager... »

Ce qui manque le plus aux entreprises, c'est la cohérence interne. En permanence, les uns et les autres, quel que soit leur niveau hiérarchique, sont confrontés à des décisions, des projets ou de simples instructions qui leur semblent incohérents avec ce qu'ils avaient compris des enjeux de l'entreprise et avec leurs propres actions antérieures. Pour expliquer l'inexplicable, on s'abrite derrière les jeux politiques, les différences de style de management ou les changements organisationnels. Reste que la même question se pose : quelle est la justification de ces décisions ? Suivie de très près par la suivante : en quoi ces décisions vont-elles dans le sens de la démarche globale de l'entreprise ? Questions qui demeurent, la plupart du temps, sans réponses convaincantes. Parfois, les réponses s'abritent derrière le « style » du dirigeant, ce qui ne donne aucun sens, si ce n'est celui de subir l'arbitraire d'une personnalité. Ailleurs, on met en avant une théorie de management comme celle avancée dans un grand groupe international : « Il faut changer l'organisation tous les trois ans pour éviter que les gens ne s'endorment... » Ou, pire que tout, on justifie ses actes par le fait que « l'on n'a pas le choix » ; le contexte et l'environnement de l'entreprise lui dictent ce qu'elle doit faire pour survivre. Ce qui constitue la négation même du management. Celui-ci pourrait se définir, notamment, comme la fonction qui doit trouver des marges de manœuvre dans un système de contraintes.

À force de ne pas avoir de réponse convaincante au pourquoi des décisions, les managers ne posent même plus la question et très vite la perte de sens s'installe. Cette perte de sens alimente une hostilité plus ou moins exprimée à l'encontre de l'entreprise, du modèle capitaliste et évidemment de la mondialisation. Notons que nous sommes en France les champions de cette hostilité[1].

---

1. Un sondage, réalisé par GlobalScan en 2005 pour l'université du Maryland dans vingt pays, montre que les Français sont de très loin ceux qui rejettent le plus l'économie de marché. La question posée était : « Le système de la libre entreprise et de l'économie de marché est-il le meilleur pour l'avenir ? » 50 % des Français ont répondu négativement. À titre d'exemple, seulement 17 % des Indiens, 29 % des Nigérians et 27 % des Anglais expriment le même désaccord.

Se poser les bonnes questions

La première étape d'élaboration de la cohérence interne de l'entreprise consiste à répondre à trois questions.

Vers quoi et comment l'équipe dirigeante mène-t-elle l'entreprise ?

C'est évidemment la question du projet, des objectifs de l'entreprise. Il convient de donner du sens à ce qui est fait, il s'agit du dessein de l'entreprise qui permet à chaque collaborateur de trouver sa place dans l'aventure collective. À quel destin collectif leur demande-t-on de contribuer ? Tous les manuels de management affirment que le leader doit porter une vision. Encore faudrait-il qu'il la formalise et qu'il l'exprime. Cette vision doit permettre à chacun de se projeter dans l'avenir et de trouver un motif de fierté, voire de rêver. La version minimaliste consiste à fixer des objectifs clairs pour l'entreprise à échéance de plusieurs années. Carlos Ghosn, au moment où Renault doute[1] et va mal avec plusieurs échecs sur les modèles haut de gamme, annonce, à échéance de trois ans, vingt-six nouveaux modèles, la meilleure rentabilité européenne et des modèles haut de gamme qui concurrenceront les allemandes. Il donne une vision, il s'engage en prenant des risques personnels importants, il peut ensuite demander des efforts à tous. Ce qu'il fait aussi, semble-t-il…

En quoi l'organisation choisie va-t-elle permettre de déployer la stratégie ?

C'est le point sur lequel l'entreprise est souvent la plus armée. On pourrait presque dire que les hommes et les femmes d'entreprises sont « programmés » très tôt à penser

---

1. Nous sommes en février 2006.

les organisations. C'est important et utile, il n'existe pas de système efficace sans une organisation adéquate. Ce qui nous paraît plus inquiétant, c'est que l'approche organisationnelle est presque devenue un réflexe au moindre dysfonctionnement. L'un des principaux collaborateurs de l'entreprise ne s'entend pas avec tel ou tel autre : on change l'organisation. Une équipe communique mal avec une autre : on change l'organisation. La réactivité n'est pas assez bonne : on change l'organisation. L'organisation est la matière que les managers modèlent avec le plus de facilité, de « plaisir ». Elle ouvre sur des solutions qui comportent toujours une part de logique et qui évitent de remettre en cause les individus.

Peu d'hommes, au cours des deux siècles précédents, ont marqué l'entreprise par leurs théories au point d'être connus de tous. Taylor est de ce ceux-là, ou peut-être devrions-nous dire « celui-là ». Or, sa théorie est organisationnelle. Il améliore considérablement l'efficacité par l'organisation. Ainsi, la supériorité des entreprises américaines est souvent perçue comme liée à la qualité de leur organisation et des process qu'elles mettent en œuvre. Une rigueur qui fait rêver bien des dirigeants européens. Il est probable que les travaux de Taylor continuent d'influencer les dirigeants toujours en quête d'une solution organisationnelle idéale. Non pas qu'ils cherchent nécessairement à appliquer un modèle taylorien, lequel a largement montré ses limites, mais ils tentent de trouver les solutions du côté de l'organisation.

Cette tendance à se centrer sur l'organisation est alimentée par l'illusion selon laquelle l'organisation va décrire le fonctionnement réel. Comme si le modèle théorique pouvait expliciter la réalité pratique.

Or, l'organisation ne fonctionne que par les hommes qui la constituent. Les réponses organisationnelles permettent d'évacuer la dimension psychologique sous des prétextes rationnels. Ce refus du « psy » est probablement lié à l'aspect rassurant de ce qui est concret, tangible. En somme, elle offre des solutions au manager sans avoir à tenir compte des comportements. Mais ce sont les comportements qui permettent aux organisations de fonctionner ou qui les mettent en échec.

Quels comportements pour mettre en œuvre la stratégie ?

C'est le point que les entreprises ne traitent jamais, ou presque, et cela pour deux raisons. La première est liée à leur vision des comportements, la seconde à leurs compétences dans le domaine des comportements.

La vision des comportements par les managers

Pour la plupart des managers, c'est évident, les comportements « doivent suivre ». Leur rôle consiste à fixer le cadre (objectifs et organisation) et dans le meilleur des cas à fournir les moyens. Les collaborateurs n'ont plus qu'à mettre en œuvre. Lorsque cela « dysfonctionne », ils font appel à la DRH pour qu'elle les débarrasse des « mauvais éléments » qui ne sont pas « à leur place ». Les mêmes pensent d'ailleurs souvent que l'on ne peut pas changer de comportements, que l'« on est comme on est… » Au mieux, ces managers définissent une charte qui stipule aux collaborateurs ce que l'on attend de leurs comportements et les valeurs qui doivent être les leurs. Pour le reste, on est face à des adultes : à eux de comprendre ce qu'ils ont à faire et comment. Ces managers, que nous avons croisés, sont souvent de très bons experts techniques. Ils sont moins à l'aise avec la dimension humaine de leur rôle dans la mesure où ils ne la maîtrisent pas, à l'inverse de leur technicité. Et,

25

disons-le, ils ne sont souvent pas eux-mêmes exemplaires sur le plan comportemental !

L'incompétence des managers
dans le domaine des comportements

En fait, s'ils estiment qu'ils ne peuvent rien faire, c'est qu'ils ne savent pas comment faire. Souvent lorsqu'on ne sait pas faire quelque chose, on se dit que ce n'est pas utile. Les managers se forgent ainsi une vision de leur rôle qui leur permet de ne pas avoir à se remettre en cause. Notamment sur le sujet le plus sensible pour eux : celui de leurs compétences. Il faut mettre à leur décharge que jamais personne ne les a formés sur le sujet, ni même au cours de leur développement, et ne les a sensibilisés au fait que cela constituerait probablement une grande part de leur valeur ajoutée de manager.

Or, tous les jours les managers constatent que ce qui pourrait rendre l'entreprise plus performante serait d'avoir des collaborateurs plus rigoureux, plus partageurs ou ailleurs plus audacieux. Les managers savent que ce supplément comportemental fait la différence. Ce qu'ils ne savent pas, c'est choisir les comportements vraiment indispensables puis les susciter chez leurs collaborateurs.

La contribution intelligente de chacun

Contrairement à ce que beaucoup semblent penser, l'innovation ne se limite pas à la technique ni au produit. Il ne suffit pas d'avoir les produits les plus nouveaux pour réussir, encore faut-il que tous les membres de l'entreprise intègrent la nécessité de faire mieux là où ils se trouvent. C'est la base de l'innovation qui permet aux entreprises d'être dans un processus de dynamique de progrès et donc de rester dans la course de la compétitivité. Il est probable que les postes qui n'ont pas cette caractéristique seront soit délocalisés, soit destinés à une main-d'œuvre sous-qualifiée. Prenons l'exemple des centres d'appel. S'il s'agit de fournir un renseignement figurant dans une base de données, ils ont tout intérêt à s'installer dans un pays du Maghreb. En revanche, s'il faut donner un conseil personnalisé à un client qui attend une écoute spécifique qui témoigne qu'il a été compris, comme les lignes de support psychologique, ils restent en France.

La création de valeur repose sur l'interface entre les individus

La compétitivité de l'entreprise dépend de sa capacité à réagir vite à l'évolution de son environnement. Cette réaction est un phénomène complexe qui a, la plupart du temps, des répercussions sur un grand nombre d'acteurs. Créer de la valeur revient alors à faire en sorte que les uns et les autres contribuent par leur attitude aux objectifs communs. Cette dimension collective, qui a toujours été un aspect essentiel de la réussite de l'entreprise, s'accentue encore. Personne, aussi brillant soit-il, ne peut avoir raison contre les autres s'il ne les convainc pas. Personne, aussi compétent soit-il, ne peut produire un travail de qualité sans s'inquiéter de la manière dont les autres en tiendront compte et l'utiliseront. La circulation de l'information est indissociable de la performance ; chaque membre de l'entreprise doit raisonner sur ce qu'il fait par rapport aux autres, et surtout être efficace dans son mode de communication. Le symptôme le plus évident de l'importance des interfaces est l'usage du courriel. Plus personne n'imagine aujourd'hui pouvoir se passer d'un outil que la plupart d'entre nous n'avait jamais utilisé il y a une douzaine d'années. Mais ce qui frappe surtout, c'est l'inflation du nombre d'e-mails qui donnent l'illusion aux utilisateurs qu'ils règlent ainsi ce délicat sujet des interfaces, tout en pestant contre la quantité reçue quotidiennement.

Les comportements sont au cœur de l'efficacité collective

Dès lors que l'entreprise a besoin de collaborateurs adaptables, qui réfléchissent dans une dynamique collective et qui gèrent efficacement leurs interfaces ensemble, les comportements sont déterminants pour la performance. L'adaptabilité est avant tout une compétence qui repose sur la capacité à faire évoluer ses comportements. C'est d'ailleurs un enjeu de vie pour nous tous que de pouvoir continuer à faire évoluer nos comportements malgré l'avancée de l'âge. Car lorsque nous ne pourrons plus que reproduire nos propres comportements, ce sera un indicateur de vieillesse bien plus sûr que les rides de notre visage.

De même, moins les collaborateurs sont de simples exécutants, plus ils doivent être capables de prendre du recul, de négocier, d'accompagner, etc. Enfin, il est clair que bien gérer les interfaces dépend avant tout des comportements des acteurs qui doivent se comprendre mutuellement, s'influencer, partager, etc.

Au-delà de ces considérations générales, il reste à faire en sorte que les comportements soient bien adaptés aux spécificités du fonctionnement de l'entreprise dans son contexte. C'est l'une des principales tâches du manager des entreprises modernes. Il est de moins en moins expert, spécialiste, et de plus en plus celui qui définit, précise, et accompagne ses collaborateurs pour les aider à se développer dans cette dimension comportementale.

Les trois pôles de la cohérence interne : le triangle SOC

On l'aura compris, la cohérence stratégique interne (CSI) de l'entreprise repose sur la force du lien entre la stratégie, d'une part, l'organisation, d'autre part, et les comportements enfin.

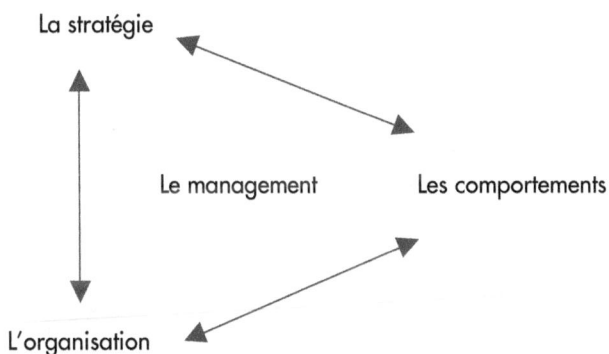

La stratégie

Le management   Les comportements

L'organisation

La stratégie est constituée des grands choix faits par les dirigeants pour atteindre les objectifs. L'organisation établit les modalités de fonctionnement qui vont permettre de mettre en œuvre ces grands choix. Et les comportements définissent l'attitude que chacun doit adopter pour que l'organisation fonctionne réellement.

Nous verrons dans la deuxième partie de cet ouvrage comment se construit la cohérence stratégique interne de l'entreprise. C'est à partir de cette CSI que le rôle des managers doit être déterminé. Il doit découler comme une nécessité évidente à la mise en œuvre du fonctionnement du triangle SOC. C'est pourquoi le management est au centre du triangle. Ce sont les managers qui ont pour charge de le faire fonctionner.

La durée de vie d'une CSI est de deux à trois ans ; c'est l'échéance raisonnable que peut se donner l'entreprise pour atteindre des enjeux ambitieux. À l'issue de cette échéance, tout le processus de construction de la CSI doit être repris à zéro. L'avantage de ce rythme de trois ans, est qu'il coïncide avec celui du management. En effet, on considère habituellement que l'action d'un manager peut s'évaluer dans ce laps de temps.

Chapitre 3

Pérennité des valeurs, variabilité des comportements

Dès que l'on parle de comportements dans l'entreprise, on nous répond valeurs. Les entreprises ont défini, pour la plupart, de grandes valeurs qui sont censées guider les comportements de leurs collaborateurs. C'est pourquoi, il nous semble à ce stade indispensable de faire un détour par cette institution de l'entreprise qui est souvent plus un prétexte cache misère qu'une réelle prise en compte des comportements.

Si l'on fait évoluer les comportements en lien avec la stratégie et l'organisation, que reste-t-il de l'entreprise dans la durée ? Est-on en train de faire l'apologie d'une entreprise qui se renouvellerait complètement tous les ans sans rien garder de constant ? Dès lors, quelle serait l'identité de l'entreprise dans ce mouvement permanent ? Nous ne sommes pas de ceux qui prêchent le changement pour le changement, et encore moins de ceux qui considèrent qu'il n'existe pas de constante identitaire aussi bien chez un individu que dans une entreprise ; constante qui donne une unicité et sur laquelle il importe de s'appuyer. Comment sortir de la contradiction entre la constance des valeurs et « l'adaptatif » des comportements ? Pour cela, reprenons le modèle de la psychologie humaine.

La différence entre personnalité et comportements

Chaque individu est à la fois pareil à lui-même et différent de ce qu'il était autrefois. Il nous est tous arrivé de retrouver un ami que l'on n'avait pas vu depuis longtemps, et de lui déclarer, enthousiaste : « Vraiment, tu n'as pas changé ! » En fait, vous retrouvez chez lui certains traits de caractère. Mais si vous prenez le temps de mieux l'observer, de l'écouter, vous vous apercevrez alors qu'il a changé dans sa manière de voir les choses, d'être avec les autres, de se positionner.

C'est toute la différence qu'il y a entre personnalité et comportements. La personnalité est la partie de nous-même qui reste constante. Elle s'exprime par des traits de caractère. On parle aussi de tempérament ; un tel est joyeux, un autre facétieux, un troisième perfectionniste, etc. Notre personnalité nous permet de sélectionner nos amis et nos partenaires de vie. Ce sont leurs traits de caractère qui rendent possible une relation durable. Lorsqu'on choisit quelqu'un de gai et enjoué, de dynamique et entreprenant, on aurait du mal à supporter qu'il devienne triste et sans énergie. En cela, la personnalité est une des composantes essentielles de l'identité sur le plan psychologique.

Pour autant, l'individu ne se limite pas à sa personnalité. Bien souvent, ceux que nous croyons connaître depuis des années nous surprennent. À la fois dans leurs réactions face aux événements qu'ils rencontrent, mais aussi

32

dans les initiatives qu'ils prennent ou ne prennent pas. Et heureusement, l'individu garde une plasticité qui lui permet d'évoluer, de changer, de rester un être en devenir qui ne sera jamais achevé : un être qui vit, c'est-à-dire qui ne se contente pas de reproduire ce qu'il a été mais qui s'invente au quotidien.

Cette double dimension entre les aspects constants de ce que nous sommes et notre liberté de devenir autre nous permet d'être un être qui s'inscrit dans l'histoire avec des lignes directrices, et en même temps un individu qui vit le présent et l'avenir en trouvant en lui de nouvelles ressources qu'il n'avait pas soupçonnées jusqu'à présent. D'un côté il y a la personnalité qui structure notre identité, et de l'autre notre capacité à faire face à la nouveauté et à adopter de nouveaux comportements pour s'y adapter au mieux.

Les valeurs, reflet de la personnalité de l'entreprise

Les valeurs ont pour rôle dans l'entreprise de définir des traits de personnalité qui lui donnent une spécificité identitaire permettant à la fois de la différencier des autres et de lui garantir une certaine constance dans le temps. Elles représentent un certain « style » qui s'appuie sur des convictions ayant vocation à donner quelques éléments d'uniformité. Deux éléments sont donc fondamentaux pour établir les valeurs d'une entreprise. D'une part son passé, d'où elle vient, ce qu'elle a traversé, comment étaient les grands dirigeants qui l'ont structurée, etc. Et d'autre part les principes fondamentaux qu'elle choisit pour construire son avenir. L'une des grandes difficultés est qu'on ne peut pas avoir d'innombrables valeurs. Au-delà de cinq ou six, ces dernières n'ont plus rien d'identitaires mais constituent une liste de souhaits dont tout le monde sait qu'ils resteront à l'état d'intentions et ne seront d'ailleurs pas mémorisés par les collaborateurs.

Lors de la définition des valeurs, qui devrait être une action très mobilisatrice, il est capital que les collaborateurs soient consultés car ils sont l'histoire et la mémoire de l'entreprise. Puis, aux dirigeants revient le rôle de hiérarchiser et de choisir parmi les nombreuses valeurs qui émergent. Or, le problème principal que nous avons rencontré pour ce choix est de faire en sorte que les valeurs retenues ne le soient pas en fonction de critères conjoncturels mais dans une perspective de durée. En effet, bien souvent les dirigeants constatent ce qui dysfonctionne dans leur organisation actuelle et, impatients de voir leurs collaborateurs changer, optent pour d'autres valeurs. Nous avons accompagné une équipe dirigeante dans cette phase de hiérarchisation. L'urgence pour l'entreprise était que les collaborateurs deviennent plus responsables et autonomes, alors qu'historiquement, les relations hiérarchiques très ancrées avaient plutôt eu tendance à rendre les collaborateurs passifs et obéissants. Les dirigeants n'ont pas pu renoncer à introduire la responsabilisation dans les valeurs, commettant ainsi un contresens entre les valeurs identitaires et les comportements cibles conjoncturels. Probablement n'avons-nous pas su bien jouer notre rôle de conseil.

Autre piège : les valeurs doivent refléter des principes d'action, des styles comportementaux et non des émotions. Par exemple la motivation, qui est souvent citée, est plus du registre émotionnel que du registre comportemental. Ce faisant, les dirigeants font comme s'ils pouvaient décréter ce que ressentent leurs collaborateurs. Ils ont certes beaucoup de pouvoirs mais pas celui de décider

34

des émotions des autres. Ils peuvent, par leur mode de management, chercher à provoquer des émotions de type envie de réussir, plaisir du travail bien fait, satisfaction à produire de nouvelles idées. Mais en aucun cas les émotions ne peuvent être prescrites.

Définir les valeurs en fonction d'une identité

Les valeurs des entreprises figurent dans leurs documents internes et font partie de leur politique de développement durable. Par curiosité nous sommes allés sur le site Internet des grands groupes bancaires voir ce qu'ils en disaient.

Les valeurs des banques françaises

Selon trois d'entre elles, les valeurs représentent :

- *Ce qui doit guider les attitudes de chaque collaborateur et les principes de management, à tous les niveaux du groupe (BNP Paribas).*
- *Ce qui doit être partagé pour assurer la réussite de la stratégie (groupe Société Générale).*
- *Les principes d'action du groupe (groupe Banque Populaire).*

Ainsi, pour l'une il s'agit de principes, pour l'autre d'attitudes, donc de comportements vérifiables, et pour la troisième d'un moyen de réussir. Nous voyons déjà que le terme de « valeurs » recèle différentes interprétations.

Quelles valeurs ?

Les banques	Leurs valeurs
BNP Paribas	Engagement, Ambition, Créativité, Réactivité.
Groupe Société Générale	Professionnalisme, Esprit d'équipe, Innovation.
Groupe Caisse d'Épargne	Confiance, Ouverture, Ambition, Engagement.
Groupe Crédit Mutuel – CIC	Proximité, Solidarité, Entreprise citoyenne, Éthique, Innovation, Efficacité et Performance, Réactivité, Relation, Clarté, Confiance, Écoute, Initiatives et responsabilités.
Groupe Banques Populaires	Audace, Coopération, L'homme.
Groupe Crédit Agricole	Il n'y a pas de communication faite autour des valeurs sur le site. Il faut aller chercher dans les communiqués de presse ou dans la rubrique « recrutement » pour trouver l'information suivante : *« Professionnalisme et Efficacité, Transparence et Ouverture, Respect et Cordialité sont les facteurs de succès de nos principes d'évaluation des candidats. »*
Le Crédit Lyonnais (LCL) (groupe Crédit Agricole)	Aucune communication sur ce thème n'est faite, pas même dans la rubrique « recrutement » (il y est juste question de « *l'Esprit de conquête* »).

Ce qui est frappant dans le tableau ci-dessus, c'est le manque de spécificité des valeurs citées par les banques, à l'exception des Banques Populaires. BNP Paribas et les

Caisses d'Épargne, pourtant deux groupes très différents, ont deux de leurs valeurs sur quatre identiques ! En fait, trois questions se posent à propos des valeurs :

- Dans quelle mesure sont-elles durables ?
- Dans quelle mesure expriment-elles des attitudes attendues des collaborateurs ?
- Si elles sont durables et expriment des attitudes attendues, cela signifie-t-il que les comportements ne doivent pas évoluer ?

Rappelons que l'incapacité à faire évoluer les comportements est l'une des définitions de la vieillesse. Il est clair que pour la plupart des dirigeants les valeurs sont stables, on les retrouve d'ailleurs presque toujours dans la rubrique « développement durable » du site. Il est évident aussi qu'elles expriment des tendances comportementales destinées aux collaborateurs. Enfin, pour les groupes que nous connaissons de près (une moitié d'entre eux), ces valeurs sont plus une déclaration de bonnes intentions qu'un véritable guide comportemental pour les collaborateurs et les managers.

Bien définir les valeurs, c'est donc :

- refuser l'exhaustivité pour faire des choix différenciants et structurants qui reflètent l'identité de l'entreprise ;
- s'appuyer sur l'histoire de l'entreprise pour détecter ce qui fait partie de son « patrimoine génétique » ;
- dégager les éléments essentiels, les grands principes qui éclairent l'avenir.

Il semble que ce sont les Banques Populaires qui ont le mieux répondu à ce cadre.

Quel usage faut-il faire des valeurs ?

Les valeurs une fois définies doivent être intégrées dans un double processus de recrutement d'une part et d'évaluation d'autre part.

Recruter en cohérence avec les valeurs

De même que les valeurs reflètent l'identité de l'entreprise, ceux qui intègrent l'entreprise doivent avoir des traits de personnalité en cohérence avec ses valeurs. Une entreprise a, par exemple, choisi la simplicité parmi ses valeurs avec une double dimension : simplicité relationnelle et simplicité intellectuelle (conceptuelle, organisationnelle, mode de présentation). Chacun d'entre nous peut percevoir dans son entourage ceux qui correspondent à ce critère et ceux qui n'y correspondent pas. Si l'on admet que les traits de personnalité font partie des aspects les plus difficiles à changer chez un individu, c'est principalement sur la personnalité que devrait se faire la sélection, tout le reste pouvant évoluer plus facilement. Or, la compétence technique et l'expérience d'une mission identique restent les critères de sélection prédominants pour le choix des candidats.

Évaluer les managers

L'une des grandes difficultés de l'évaluation réside dans le nombre croissant de critères à évaluer. Nous verrons plus loin l'importance de l'évaluation des comportements en plus de l'évaluation de la performance. Ne perdons pas de vue que les premiers critères d'évaluation doivent être ceux de la performance. L'entreprise, toute tournée vers l'opérationnalité, l'a parfaitement intégré, au point d'ailleurs d'oublier d'évaluer sur d'autres critères : la façon d'obtenir les résultats, c'est-à-dire les comportements et les valeurs mis en place, vient au second plan. Les comportements relèvent d'une évaluation annuelle car ils entrent dans l'efficacité quotidienne. Les valeurs sont des principes d'action et représentent un style qui correspond à l'identité de l'entreprise ; elles doivent être incarnées par les managers comme l'expression de tendance. Il entre dans leur rôle de porter l'exemplarité à travers ce qu'ils représentent pour l'ensemble des collaborateurs. Notre suggestion est d'évaluer la manière dont ils les portent et les transmettent à l'occasion des nominations, des changements de poste ou des orientations de carrière. À ce moment, l'incarnation des valeurs devrait être l'un des critères essentiels à prendre en compte pour choisir les managers.

Quand faut-il définir ses valeurs ?

Dans la plupart des entreprises, les valeurs sont déjà définies. La question de savoir s'il est pertinent de les redéfinir ne va pas de soi. Selon nous, cela est nécessaire dans trois types d'occasions.

- **Lors d'une fusion.** Au moment de la dernière étape de la fusion, une fois que la nouvelle organisation a été mise en place, il est important de redonner une nouvelle identité à l'ensemble. Les valeurs doivent pouvoir susciter un élan, les collaborateurs doivent pouvoir retrouver un sens à la nouvelle entreprise.
- **Lors d'un changement de stratégie majeur.** Le passage de l'ancienne Générale des Eaux à Vivendi, groupe de contenu médiatique et de téléphonie, supposait de redéfinir les valeurs. En effet, le changement d'activité transforme à l'évidence l'identité de l'entreprise et il est indispensable d'en redéfinir les contours.
- **Lors d'un changement de taille important.** La PME qui prend une dimension internationale a besoin de redé-

finir ses valeurs si sa croissance s'accompagne d'une évolution de son identité. Ce n'est pas toujours le cas, mais il arrive assez fréquemment que cela puisse l'être.

Donner du sens dans un contexte

On le voit, les valeurs donnent du sens par rapport à une histoire, un passé et des convictions qui forgent un sentiment d'appartenance à un groupe commun. Pour autant, elles ne donnent pas nécessairement de sens aux décisions prises, aux initiatives des uns et des autres, à la façon de réagir face aux clients ou aux concurrents, aux comportements de certains dirigeants, etc. Bref, dans ce qui est fait au quotidien on peut rarement s'appuyer sur les valeurs pour donner du sens. C'est pourquoi elles sont loin d'être suffisantes pour s'inscrire dans le développement durable.

Pour trouver du sens à ce qui est fait au quotidien, il est indispensable de s'appuyer sur des éléments de cohérence qui puissent être ramenés à la stratégie choisie. Cette cohérence repose sur la cohérence stratégique interne qui se construit comme suit.

Deuxième partie

Construire sa « cohérence stratégique interne »

L'objectif est clair : permettre à tous les acteurs de l'entreprise de disposer d'un référentiel commun qui guide leur actions quotidiennes et intègre à la fois les buts, les priorités pour les atteindre, les comportements des acteurs et les rôles des managers. Rappelons à nouveau que ce référentiel doit prendre sens par rapport à un contexte et n'a donc aucune valeur de pérennité.

C'est aux dirigeants de construire le squelette de la colonne vertébrale de la cohérence interne à partir de leur analyse qu'ils doivent pouvoir expliquer. Ensuite, chaque entité est chargée de la décliner dans le cadre de son activité quotidienne. En somme, le squelette élaboré par les dirigeants prend vie lorsque chaque entité lui donne chair.

Chapitre 4

Au commencement était le dirigeant

Prioriser est contre nature pour les dirigeants

Les dirigeants sont piégés par leur réussite passée. S'ils ont réussi, c'est notamment par leur niveau d'exigence souvent supérieur à celui de leurs pairs. Ils ont demandé plus, ont obtenu plus, et sont donc considérés comme les meilleurs. C'est d'ailleurs presque devenu un jeu avec leurs collaborateurs. Lorsqu'ils estiment que ceux-ci peuvent faire 100, les dirigeants leur demandent de faire 120, voire 150. La plupart des référentiels de compétences des dirigeants insistent sur cette capacité à pousser toujours plus loin les objectifs attendus. Progressivement, pousser ses collaborateurs, ne pas vraiment prendre en compte leurs plaintes à propos de leur surcharge, devient une seconde nature. Ainsi, les managers qui se plaignent le moins de cette surcharge et qui répondent aux attentes ont de grandes chances d'être sélectionnés. Peu à peu, à travers ce jeu relationnel entre les dirigeants et leurs managers, peut s'installer dans la tête des premiers l'idée que leur rôle est de demander toujours plus : si leurs collaborateurs sont bons, ils se débrouilleront toujours pour satisfaire aux attentes.

Le dirigeant producteur de rêves...
pour l'actionnaire

Il n'est évidemment pas neutre que le dirigeant soit celui qui est en contact avec l'actionnaire. Ce dernier, par définition veut tout : une entreprise de plus en plus rentable mais qui prévoit l'avenir, tout en ayant une stratégie audacieuse et une organisation prompte à réagir, des collaborateurs motivés mais plutôt moins payés que le marché, une attitude responsable vis-à-vis de l'environnement, à condition que cela n'entraîne pas de frais supplémentaires, etc. Le dirigeant est en quelque sorte celui qui arrive à convaincre l'actionnaire qu'il lui donne un peu plus que ce qu'il est raisonnable de demander. Sa légitimité vis-à-vis de l'actionnaire repose en grande partie sur sa capacité à incarner une promesse. Plus la promesse paraît difficile à tenir, plus le dirigeant est considéré comme bon. Il a donc tendance à pousser le bouchon toujours plus loin et à encourager l'actionnaire à exiger ce qui est au-delà du rationnel. Il est dès lors compréhensible qu'il ait une grande difficulté à prioriser. On peut ajouter à cela que, la plupart du temps, choisir place le dirigeant dans une position plus à risque sur le court terme que le fait de ne pas choisir.

Les mauvais dirigeants existent !

Décrivons certaines de leurs caractéristiques. D'abord ils adoptent toutes les exigences des actionnaires sans résister à leurs diktats. Ils se conçoivent comme des relais souvent amplificateurs de transmission de pression sur les résultats principalement à court terme. Ensuite, ils ne prennent aucun risque personnel. Ils ne font donc pas de choix stratégiques ni ne fixent de grands enjeux. Ce sont souvent des opportunistes qui flairent les coups et les réalisent avec brio, ce qui leur vaut une réputation de stratège. Enfin, ils ne s'intéressent pas au fonctionnement de l'entreprise. Elle est déléguée à leurs collaborateurs directs qui, en revanche, doivent rendre des comptes précis.

Leur talent réside dans le jeu de pouvoirs et les relations de force. Ils l'exercent sur l'ensemble des acteurs avec lesquels ils sont en contact. Le choix des hommes et des organisations est en permanence suivi et revu pour jouer des rivalités, s'assurer de fidélités. Bien sûr, ils savent communiquer pour dire avec beaucoup de conviction le contraire de ce qu'ils font. Et c'est sans parler des mœurs de certains qui ont complètement perdu le sens de la mesure dans les rétributions souvent indirectes qu'ils se font octroyer et qui, ce faisant, se décrédibilisent et perdent toute capacité à donner du sens.

Les dirigeants « fournisseurs de cohérence »

Si l'on admet que l'entreprise, pour se déployer durablement, doit le faire sur une base cohérente, c'est aux dirigeants d'en élaborer la trame. Plus encore, il nous semble que l'une des tâches principales des dirigeants est d'être des « fournisseurs de cohérence » pour l'entreprise. C'est à eux de permettre à chacun de disposer d'un cadre de repères qui donnent du sens dans un contexte de changements et de complexité. Ils doivent être ensuite les garants et les gardiens de cette cohérence.

En la rappelant d'abord. Le cadre fixé doit servir de base à tous les documents de communication interne, comme nous le verrons plus loin. Mais surtout, les dirigeants doivent s'y référer en permanence pour expliquer leurs décisions, pour justifier leur organisation, pour valoriser et sanctionner les actions des uns et des autres. Le contrôle effectué par les dirigeants peut se faire à travers un cadre transparent pour tous. La cohérence interne favorise une comparaison entre les managers qui n'est pas seulement basée sur leurs résultats opérationnels (dont on sait qu'ils dépendent de la conjoncture) mais aussi sur leur valeur ajoutée de gestion des individus.

Cette exigence de cohérence que tous les collaborateurs peuvent légitimement revendiquer, suppose que le manager sache préciser clairement ce qu'il entend par « valeurs », « comportements » et « stratégie » pour l'entreprise dans son contexte actuel. Il lui faudra ensuite refaire l'exercice tous les trois ans en tenant compte des évolutions de l'entreprise et de son environnement. C'est la démarche CSI : cohérence stratégique interne. Comme nous le décrivons plus haut, cette cohérence repose sur la solidité interne du triangle SOC (voir chap. 2 « Les trois pôles de la cohérence interne »).

Si le dirigeant écrit la partition, le manager est le chef d'orchestre de son interprétation. Il est au cœur du triangle et son rôle consiste essentiellement à garantir sa cohérence interne dans la vie quotidienne.

Montrer que le management est utile au business

– « Il est 17 heures et je vais enfin pouvoir me mettre à travailler.
– Qu'est-ce que tu veux dire ?
– C'est très simple. Ce matin, réunion avec l'équipe puis revue des collaborateurs avec les RH et depuis le début d'après-

midi je suis avec les équipes qui n'arrivent pas à s'entendre sur un projet transverse. Il est temps que je puisse appeler les clients !
– Je te comprends. C'est insupportable toutes ces réunions qui nous empêchent de faire du business, parce qu'à la fin, il n'y a que ça qui compte. »

L'une des finalités de la mise en place d'une CSI est de prouver au quotidien le lien entre l'acte managérial et les objectifs business. Il est, en effet, fréquent que les uns et les autres dans l'entreprise considèrent que seul l'acte technique contribue aux objectifs business. Vendre, produire, acheminer, trouver un nouvel axe marketing, mettre en place un nouveau système d'information, voilà qui permet d'atteindre ses objectifs. On estime bien souvent que gérer des désaccords, développer les relations transversales, faire des plans de développement et de carrière, donner des feed-back précis sur la performance, est certes utile mais ne va pas augmenter le chiffre d'affaires, et encore moins la marge opérationnelle. Le management est alors considéré davantage comme un mal nécessaire que comme un passage obligé pour atteindre les résultats.

En limitant le rôle des managers et en les choisissant explicitement en lien avec les enjeux business, on redonne au management une nouvelle dimension. L'acte managérial n'est plus seulement ce qu'on fait « en plus » sous la pression des ressources humaines ou lorsqu'on a fini son « vrai travail ». Il prend toute sa place comme nécessité absolue pour l'efficacité collective.

Les chapitres 5 et 6 décrivent la méthode de déploiement de la cohérence stratégique interne. Nous montrons comment nous avons pu élaborer ce type de projet dans différentes entreprises ainsi que les difficultés rencontrées.

Notre expérience nous a montré qu'il arrive que les parties descriptives en rebutent certains. Nous les encourageons à passer ces chapitres, quitte à y revenir lorsqu'ils souhaiteront mieux comprendre la mécanique de la mise en place d'une cohérence stratégique interne.

Chapitre 5

Élaborer le modèle de la cohérence stratégique interne

Le modèle est une dynamique

La cohérence s'inscrit dans ce vers quoi doit tendre l'entreprise et non pas dans une situation arrêtée, figée. C'est pourquoi la réflexion des dirigeants doit s'établir selon le schéma suivant.

Hiérarchiser et faire du lien

La difficulté pour préciser chacune de ces étapes est double. D'une part, il est indispensable de limiter chacun des paragraphes. En effet, annoncer à une entreprise qu'elle doit collectivement progresser sur dix points, c'est lui dire implicitement qu'elle n'a pas à progresser, car cela est tout simplement impossible. Il s'agit donc de hiérarchiser et de choisir, et donc de renoncer ; ce qui est toujours un dilemme.

```
┌─────────────────────────────────────────┐
│   Enjeux, objectifs, buts à trois ans     │
└─────────────────────────────────────────┘
              ↓    ↑
┌─────────────────────────────────────────┐
│  Stratégie, choix pour atteindre les buts │
└─────────────────────────────────────────┘
              ↓    ↑
┌─────────────────────────────────────────┐
│ Principaux progrès collectifs dans la manière │
│   de faire fonctionner l'organisation      │
└─────────────────────────────────────────┘
              ↓    ↑
┌─────────────────────────────────────────┐
│ Comportements que tous les collaborateurs doivent adopter │
│   pour faire fonctionner l'organisation    │
└─────────────────────────────────────────┘
              ↓    ↑
┌─────────────────────────────────────────┐
│          Rôles des managers               │
└─────────────────────────────────────────┘
```

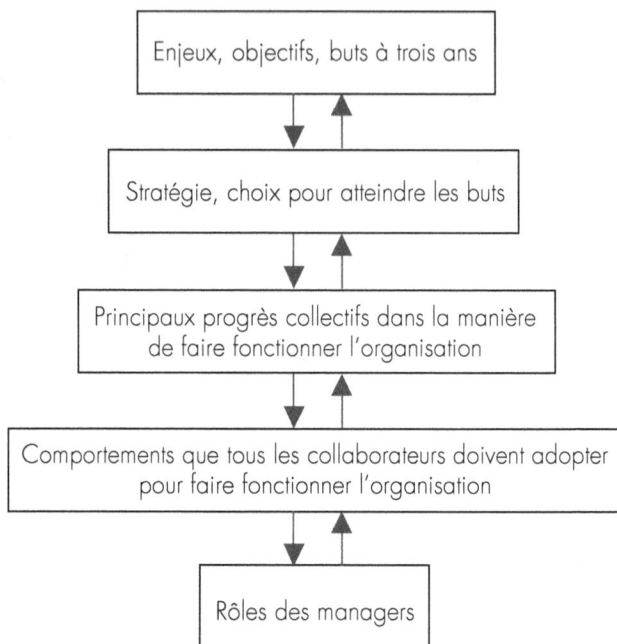

D'autre part, il faut montrer explicitement quel est le lien entre chaque étape du raisonnement. Rien ne doit sembler gratuit ou arbitraire. Tel comportement doit faire sens par rapport aux progrès collectifs qui, eux-mêmes, doivent découler des choix stratégiques. C'est de la clarté de cette logique que découle toute l'efficacité du processus.

Les étapes de construction de la cohérence stratégique interne

Le processus de cohérence interne passe par sept étapes :

1. Définir les enjeux et la stratégie.
2. Rendre la stratégie communicable.
3. Déterminer les enjeux de progrès collectifs.

4. Établir un diagnostic comportemental.
5. Définir les comportements cibles pour atteindre les enjeux stratégiques.
6. Illustrer les comportements cibles.
7. Préciser et limiter le rôle des managers.

Nous allons décrire chacune de ces étapes par leur contenu et en les illustrant d'exemples. Nous ne développerons pas la première étape qui consiste à définir sa stratégie et à faire en sorte que son organisation soit en cohérence avec elle. La littérature managériale regorge de méthodes ; les managers sont souvent très bien formés à l'exercice et nombreux sont les cabinets de consultants qui offrent leurs services dans ces domaines. Remarquons simplement que le rythme stratégique et organisationnel est plutôt annuel, voire pluriannuel. En dehors de circonstances particulières, les dirigeants et managers n'ont à se poser ces questions qu'une fois par an. Et encore, cela ne se traduit pas nécessairement par des changements à chaque fois.

En revanche, sur les comportements, la méthode manque. Les dirigeants ne précisent pas quels sont ceux indispensables au bon fonctionnement de l'organisation alors que le rythme d'intervention des managers dans ce registre est quotidien. C'est tous les jours que les managers doivent agir auprès de leurs collaborateurs pour les aider à adopter les comportements en cohérence avec l'organisation et la stratégie.

Rendre la stratégie communicable

La plupart du temps, la stratégie existe… dans la tête des dirigeants. Lorsqu'on interroge un à un les membres d'un comité exécutif, on obtient des éléments de la stratégie, chacun focalisant sur un des points qui le concerne particulièrement ou lui tient à cœur. Tous ensemble, les membres du comité exécutif expriment la stratégie mais individuellement ils n'en délivrent souvent qu'une partie. D'où un discours plus dispersé que rassembleur.

Ailleurs, on est confronté à un discours global et banal. On a du mal à trouver en quoi ce qui est proposé est différenciant. La stratégie s'exprime alors en des termes qui peuvent s'appliquer à toutes les entreprises : faire de la croissance, améliorer sa rentabilité, être centré sur le client, perfectionner la qualité, rechercher la performance, etc. On peut construire une CSI où chaque pôle du triangle est d'une banalité affligeante ; elle ne servira pas à grand-chose et n'aura pas l'impact mobilisateur attendu auprès des collaborateurs.

Il arrive aussi qu'il y ait une confusion entre les enjeux ou les objectifs que s'est fixée l'entreprise – sur lesquels son dirigeant s'est engagé vis-à-vis des actionnaires – et la stratégie, c'est-à-dire les choix qui vont permettre d'atteindre ces objectifs. Rendre la stratégie communicable, c'est la formuler en deux parties.

1. Annoncer des objectifs avec une date

Nous serons le deuxième en France, nous serons présents dans les dix principaux pays d'Europe et nous réaliserons 5 milliards d'euros de chiffre d'affaires avec une marge opérationnelle de 7 % en...

L'exercice consiste à trouver un juste milieu entre l'ambition élevée des objectifs et la perception que le défi peut être relevé collectivement. Revenons à Carlos Ghosn qui, en février 2006, annonce chez Renault – qui doute et qui est en panne de nouveaux modèles – que l'entreprise sortira 26 nouveaux modèles dans les trois ans à venir, parmi d'autres objectifs non moins ambitieux. Le but fixé est à la fois un défi difficile et une source d'élan.

Les spécialistes de la communication trouvent souvent une formule pour mettre les chiffres en scène, les présenter comme un challenge. Les objectifs, pour être mobilisateurs et fédérateurs, doivent être exprimés de façon à donner le sentiment à tous de contribuer à une aventure dont ils pourront être fiers.

2. Exprimer la stratégie de l'entreprise pour atteindre ces résultats

À partir de l'analyse des forces et des faiblesses de l'entreprise et du marché, il s'agit de préciser les leviers sur lesquels s'appuyer pour atteindre les objectifs.

Nous allons nous recentrer sur telle activité, nous allons nous concentrer sur tel type de clients auxquels nous vendrons tel type de produit, nous renonçons à développer telle autre activité, notre croissance doit se faire par croissance interne, nous renonçons à racheter un concurrent, nous allons développer tel type de nouveau produit qui nous permettra de pénétrer tel marché, etc.

Cela paraît simple et devrait l'être dans son expression. En fait, c'est rarement le cas. Outre la difficulté à s'extraire du quotidien pour prendre le temps de la réflexion, beaucoup de dirigeants ne souhaitent pas s'engager sur des options claires. Ils gardent ainsi toutes les possibilités ouvertes. La peur de se déjuger domine, accompagnée de celle de prendre des risques. Parfois, le dirigeant a les idées claires sur ce qu'il veut faire mais il ne voit pas l'utilité de les transmettre aux collaborateurs puisqu'il est celui qui appliquera la stratégie à travers les décisions qu'il aura à prendre. Plus souvent encore, s'étant exprimé une fois, il considère que tous l'ont entendu et ont intégré son propos.

Au risque de nous répéter, insistons sur la nécessité pour chaque collaborateur de pouvoir créer un lien entre ce qu'il fait et la stratégie de l'entreprise. Rappelons aussi que la seule façon d'éviter que les grandes entreprises ne se bureaucratisent trop est d'obliger, notamment les fonctions, à montrer en quoi ce qu'elles proposent est en rapport avec les choix stratégiques. Toute la cohérence interne de l'entreprise est construite sur cette étape structurante pour le reste.

Déterminer les enjeux de progrès collectifs

La question est simple : si l'on prétend vouloir atteindre tels objectifs, et pour cela mettre en œuvre telle stratégie, quels progrès dans notre fonctionnement collectif devons-nous faire pour y arriver ?

Différencier l'organisation de l'usage qui en est fait

Il ne s'agit pas là d'aborder les questions organisationnelles mais la manière dont collectivement l'ensemble des membres de l'entreprise la font fonctionner. L'organisation est un modèle qui vise à définir la façon dont les collaborateurs et les différentes entités doivent travailler les uns avec les autres. C'est un modèle, donc un cadre théorique qui ne correspond pas toujours à l'usage qui en est fait dans l'esprit et dans la lettre.

Prenons, par exemple, la façon dont deux entités doivent communiquer l'une avec l'autre. L'organisation explicite qu'elles doivent se rencontrer au cours de réunions pour partager certains types d'informations, ainsi que le mode de circulation de l'information au quotidien. Dans la pratique, il arrive que la réunion soit purement formelle et que les informations essentielles n'y soient pas communiquées, ou encore que les participants fassent acte de présence mais se consacrent plus à écluser leurs e-mails qu'à échanger entre eux. De même, les procédures sont régulièrement détournées, surtout dans les grandes organisations au sein desquelles les acteurs n'en comprennent pas toujours la logique.

S'il est important d'améliorer en permanence l'organisation et de veiller à sa cohérence avec la stratégie, il ne faut pas pour autant faire comme si le modèle et la pratique ne faisaient qu'un, et surtout résoudre des dysfonctionnements de pratiques et d'attitudes par des évolutions du modèle ou, pire, par une inflation de procédures. Car créer davantage de procédures ne remettra pas dans le droit chemin ceux qui les détournent déjà.

Ce n'est pas un hasard si les dirigeants se font aider par des consultants pour faire évoluer leurs organisations. En effet, si chacun peut donner son idée sur la façon de la faire évoluer, l'organisation ne peut pas être construite par les intéressés. Elle délimite des territoires et arbitre entre leurs appétits de pouvoir. C'est donc le dirigeant seul qui peut en décider. Cependant, la pratique de l'organisation a tout intérêt à être discutée par les intéressés. Plus encore, ils sont les mieux placés pour identifier ce qui doit être amélioré.

Progresser en dépit des performances

Il arrive que certains aient, dans un premier temps, du mal avec cette notion de progrès. Récemment, un dirigeant au cours d'une réunion de ce type disait : « *Je ne vois pas quels progrès nous devons faire : nous avons réalisé 20 %*

de croissance cette année !» Comme si l'idée de « progresser » laissait implicitement entendre que ce qui est fait est mal fait. Dès lors, les enjeux de prestance des dirigeants sont tels qu'ils se referment.

Travailler sur les progrès, c'est prendre acte du fait que les prochains objectifs supposent de franchir une nouvelle étape et que les options stratégiques induisent des changements ou des renforcements de tendance. Tout cela nécessite de savoir comment on souhaite que l'ensemble des collaborateurs travaillent. À partir de là, il faut se poser deux questions :

- En quoi notre fonctionnement collectif dans notre façon d'utiliser l'organisation pourrait-il s'améliorer ?
- Compte tenu de nos enjeux stratégiques, quels sont les trois points sur lesquels nous allons focaliser les efforts de progrès collectifs ?

En les limitant à trois, on évite l'exhaustivité, satisfaisante intellectuellement mais inductrice d'immobilisme.

Au cours d'une de nos missions, l'équipe dirigeante a défini les enjeux de progrès collectifs comme suit :

- Collectivement, nous devons simplifier :
  - Prioriser la valeur ajoutée.
  - Renoncer à ce qui n'apporte pas de valeur ajoutée ou ne peut être atteint.
- Collectivement, nous devons renforcer la culture client :
  - Mettre le client au centre, développer une culture de vente et le sens du client interne.
- Collectivement, nous devons donner du sens aux actions :
  - Communiquer, mettre en perspective, fournir une vision globale.

Ce sont les lignes directrices de ce qui doit guider l'action collective : ce que chacun doit garder en tête lorsqu'il travaille avec les autres.

© Groupe Eyrolles

Faire un diagnostic comportemental

Faire un diagnostic comportemental revient à analyser les forces et les faiblesses de l'entreprise sur le plan comportemental pour ensuite hiérarchiser des comportements cibles sur lesquels l'ensemble de l'entreprise devra se concentrer pour progresser. L'une des principales difficultés de la démarche consiste à identifier des comportements communs. La plupart du temps, le comportement est associé à la spécificité individuelle ; or il s'agit là de partir des individus pour essayer de caractériser ce qu'ils ont en commun.

Les questions à se poser sont les suivantes :

- Comment caractériser collectivement les attitudes de l'ensemble des collaborateurs ?
- En quoi ces attitudes favorisent-elles le fonctionnement de l'entreprise ?
- En quoi ces attitudes desservent-elles le fonctionnement de l'entreprise ?

Qu'est-ce qu'un comportement ?

Un comportement est un ensemble de manières de faire qui répond à une logique de fonctionnement de l'individu et qui est sous l'influence de ses émotions. Pour mieux comprendre l'interaction entre les quatre composantes essentielles du comportement, regardons ensemble le schéma ci-après.

On peut expliquer ce schéma en partant de l'individu, c'est-à-dire de chacun d'entre nous. Nous avons notre propre histoire qui, progressivement, forge notre vision de notre environnement. Elle représente la base de nos principes pour agir qui font partie de nos représentations. Les principes pour agir constituent l'ensemble des pensées qui sont activées dans le traitement de l'informa-

```
┌──────────────┐        ┌──────────────┐
│   Individu   │───────▶│   Situation  │
│              │◀───────│              │
└──────────────┘        └──────────────┘
 + contexte passé        + contexte actuel
```

```
┌──────────────────┐   ┌──────────────┐   ┌──────────────┐
│  Répresentations │──▶│   Émotions   │──▶│  Sensations  │
│                  │◀──│              │◀──│  physiques   │
└──────────────────┘   └──────────────┘   └──────────────┘
```

```
┌──────────────────┐
│   Comportement   │
└──────────────────┘
```

```
┌──────────────────┐
│ Manières de faire│
└──────────────────┘
```

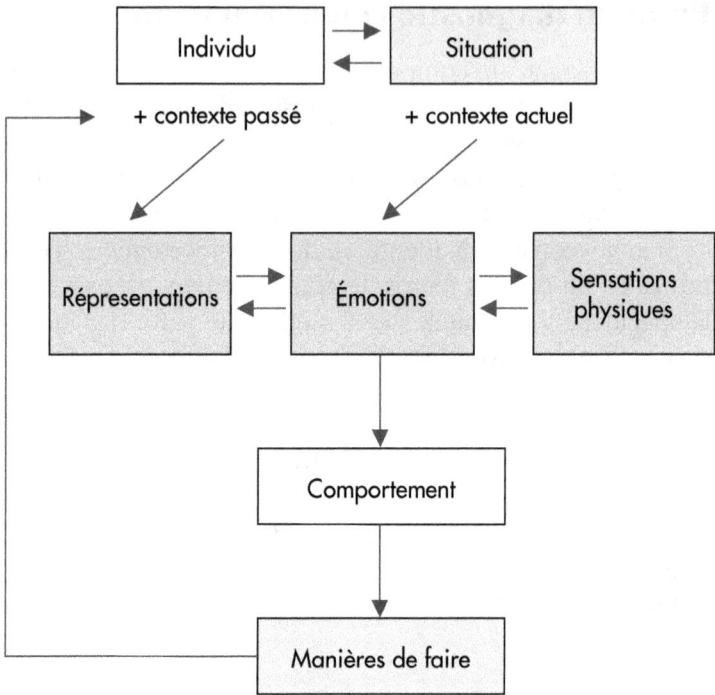

tion, information à laquelle nous sommes en permanence confrontés. Ces principes pour agir sont à la fois des règles de conduite, des *a priori* sur les choses et les gens, des leçons de vie issues de notre expérience, des principes hérités de notre culture, etc. Ils composent des logiques de fonctionnement qui donnent des couleurs spécifiques à nos émotions.

Lors d'une mission dans la distribution, il apparaît que de nombreux interlocuteurs estiment que le client souhaite avant tout un bon produit. Dès lors, tous les efforts vont porter sur la capacité à tenir cette promesse ; tout le reste (la qualité du service, le délai, l'agrément) passera après. Ainsi, si les vendeurs ont comme principe pour agir : « Je suis là pour permettre au client d'accéder au meilleur produit », de nombreuses situations qui pourraient choquer les clients (l'attente, le conseil trop péremptoire, etc.) ne les alertent pas dans la mesure où elles ne produisent en eux aucune émotion.

Les représentations ou principes pour agir constituent la logique de fonctionnement des comportements et donnent une intensité et une coloration spécifique aux émotions.

Comment se met en place un comportement ?

Un comportement répond à une logique interne déclenchée par une perception de l'individu. En fonction de la situation s'enclenche une émotion alimentée par un principe pour agir. Dans le cadre professionnel, les principes pour agir, communs à l'ensemble du personnel, peuvent s'appeler la « culture d'entreprise », c'est-à-dire ce que chacun a intégré comme une évidence et a fait sien pour guider ses actes. Les émotions, dans ce qu'elles peuvent avoir de commun, dépendent quant à elles en partie du système de récompense/sanction mis en place par l'entreprise. Souvent, lorsque les uns et les autres ressentent la même émotion dans une situation professionnelle donnée, c'est qu'ils en attendent la même chose.

Ce sont donc principalement la culture d'entreprise et le mode de management qui induisent les comportements des collaborateurs. Par « mode de management », nous entendons ici la dimension commune à l'entreprise dans laquelle entrent le mode d'évaluation de la performance, le mode de valorisation des compétences, le mode de développement des collaborateurs, etc.

Un organisme financier constate que ses collaborateurs sont trop individualistes. L'information circule mal entre les acteurs, la rivalité est très forte, il y a un phénomène de cour auprès des dirigeants qui disposent du pouvoir considérable de déterminer les bonus. En questionnant les collaborateurs, on apprend que le bonus est le seul élément de reconnaissance de la performance et qu'il dépend de la performance individuelle mais en partie aussi d'une attribution arbitraire en fonction des affinités entretenues avec les dirigeants. Les comportements des collaborateurs sont donc en parfaite cohérence avec le mode de management, ou plus exactement avec leur perception du mode de management.

Le diagnostic comportemental en pratique

Les managers de terrain constituent la principale source d'information sur ce sujet. Mais plus l'entreprise est importante et plus il devient utile de faire aussi réfléchir des groupes de collaborateurs. Cela présente deux intérêts principaux. Le premier est de déceler une éventuelle différence de perceptions entre celles des managers et celles des collaborateurs. Le second est de commencer à sensibiliser les collaborateurs à la question comportementale. Rien n'est plus efficace pour faire prendre conscience et amener un groupe à être prêt à changer que de lui faire faire lui-même le diagnostic des dysfonctionnements comportementaux. En consultant des groupes de collaborateurs, les dirigeants montrent qu'ils attachent de l'importance aux comportements et donc préparent les collaborateurs à la démarche.

Concrètement, quel que soit le niveau hiérarchique, personne ne sait répondre à la question : comment caractériser collectivement les attitudes de l'ensemble des collaborateurs ? car elle paraît trop abstraite. De façon générale, la caractérisation des comportements a beaucoup de mal à se faire. L'impression dominante sur ce sujet est que les comportements dans l'entreprise sont les mêmes qu'ailleurs.

Toutefois, lorsqu'on demande : « quels sont les comportements efficaces pour atteindre les objectifs de l'entreprise ? » et « quels sont les comportements inefficaces qui font que l'entreprise ne peut atteindre ses objectifs ? », les langues se dénouent. D'autant qu'on demande aux participants de caractériser les comportements en référence aux leurs et à ceux qu'ils constatent dans leur entourage, quel que soit le niveau hiérarchique.

Dans les entreprises de plus petite taille, les dirigeants sont aussi souvent des managers opérationnels ; le travail avec eux est alors suffisant pour cette étape diagnostique.

L'exercice, dans une entreprise de distribution, a donné les résultats suivants :

1. Empathie, écoute client.
2. Proactivité.
3. Remise en question, curiosité, ouverture d'esprit.
4. Coopération, travailler en collectif.
5. Responsabilité.
6. Exigence dans l'exécution (rigueur, exemplarité, dynamisme).
7. Courage.
8. Écoute, empathie.
9. Loyauté, transparence, dire les choses.
10. Anticipation.

Commentons cette liste. La numérotation des comportements ne correspond pas à une hiérarchisation. Certains de ces comportements se recoupent, le 4 et le 8 par exemple. Il s'agit globalement du comportement qui permet le travail en équipe et qui suppose d'écouter l'autre pour chercher à le comprendre. Autre point, le courage ne peut pas être accepté comme tel pour deux raisons. La première est qu'il est trop flou pour être appliqué par tous. En effet, qu'entend-on par courage ? S'agit-il de s'opposer à sa hiérarchie lorsqu'on n'est pas d'accord ? S'agit-il de prendre des risques sur le plan du business ? Si oui, quel risque ? Etc. La seconde raison est que le courage relève probablement plus d'un trait de personnalité que d'un comportement. Ce qui est sûr, c'est que le développement de ce comportement, si c'en est un, ne va pas de soi.

Définir les comportements cibles pour atteindre les enjeux stratégiques

Le diagnostic donne souvent une liste à la Prévert comprenant une dizaine de comportements. Les uns étant d'ailleurs, parfois, partiellement à l'opposé des autres. Il est alors nécessaire d'aider les dirigeants à les hiérarchiser. Sinon, on se retrouve à nouveau face à une liste de souhaits, un modèle idéal fait de contradictions. Cette liste n'a aucune utilité opérationnelle et l'exercice reste purement théorique.

Concrètement, il faut se limiter à trois comportements cibles. Ces comportements seront ceux sur lesquels porteront les efforts de l'entreprise pour progresser et atteindre ses objectifs. Ils concernent l'ensemble des collaborateurs et sont contextuels, ce qui signifie qu'ils correspondent à une période de l'entreprise, qu'ils changeront avec la période suivante. Cette hiérarchisation se fait sur deux critères :

- Quels sont les comportements dont l'entreprise a le plus besoin pour la mise en œuvre de sa stratégie ?
- Quels sont les comportements qui sont les moins appliqués par l'ensemble des collaborateurs et sur lesquels le décalage entre les attentes et la nécessité de progrès est le plus fort ?

En effet, il ne sert à rien de mettre parmi les comportements cibles ceux qui sont déjà adoptés par la majorité des collaborateurs.

Lors d'une mission pour un organisme financier, il apparaît que l'un des enjeux stratégiques de l'entreprise repose sur ses capacités d'innovation. Or, les dirigeants estiment que l'innovation et la créativité des collaborateurs sont déjà très développées. Ce comportement n'est donc pas sélectionné comme l'un des trois sur lesquels doivent porter les efforts de tous.

La grande difficulté de la hiérarchisation est de renoncer à la plupart des comportements cibles présélectionnés. Les dirigeants entrent alors souvent avec les consultants dans une phase de négociation, essayant de faire passer le nombre fatidique de trois à cinq ou six. Il est essentiel de ne pas céder. Car en limitant ce nombre à trois, il est possible, si l'ensemble de la démarche est bien relayé, que tous s'approprient les comportements cibles et que les managers concentrent leurs efforts pour les obtenir. Au-delà, il est probable que la trop grande ambition, fera s'essouffler le projet.

Les dirigeants ont sélectionné les comportements suivants :

• Sens du service.
• Partager :
  – son savoir, ses compétences, ses informations, ses clients.
• Oser :
  – aller au-delà, prendre des initiatives, proposer des idées, prendre des risques personnels.

Les représentations ou principes pour agir

Les principes pour agir permettent d'expliciter l'état d'esprit dans lequel doivent être ceux qui ont à adopter le comportement cible. Ils doivent constituer une logique de fonctionnement pour celui qui se les approprie. Les principes pour agir sont souvent des formules ou des injonctions que l'individu exprime à lui-même :

• Il faut…
• Si on se trouve dans telle situation, alors…

En fait, les comportements désignés représentent des catégories génériques et seront déclinés dans l'entreprise en fonction du contexte. Le sens du service, selon qu'il concerne un commercial, un collaborateur du back office ou un comptable, suppose des manières de faire diverses. De plus, dans une même entité, avoir le sens du service peut signifier des efforts différents en fonction de la personnalité des acteurs. L'un, expansif et hyperactif, aura peut-être besoin d'écouter plus ; l'autre, introverti et à l'écoute, gagnerait à agir davantage.

Comme on le verra dans la phase de déploiement, il importe que les uns et les autres s'interrogent sur le sens et l'utilité de la mise en œuvre de ces comportements. Cette réflexion doit porter sur la façon dont l'ensemble des collaborateurs de l'entité peuvent les adopter en lien avec leur activité. Mais elle doit aussi se faire de façon plus individuelle : en quoi personnellement puis-je progresser dans la mise en œuvre de ces comportements ? C'est alors plus un état d'esprit que les dirigeants, de leur côté, doivent définir. Ils auront à en favoriser l'appropriation par tous. Cet état d'esprit doit être à la base des représentations qui vont ensuite alimenter l'état émotionnel de chacun et donc leurs comportements.

Les principes pour agir du **sens du service** pourraient être :
- il faut que chaque client sente qu'on lui accorde de l'importance ;
- si je suis en contact avec un client, il doit se dire que je lui ai été utile ;
- mon rôle principal est que le client se sente accompagné, etc.

Préciser et limiter le rôle des managers

Les managers trouvent toute leur valeur ajoutée dans cette démarche. En effet, leur rôle n'est plus défini de façon générique à partir d'un modèle théorique de ce que doit être « le manager idéal » mais contextualisé pour obtenir des effets concrets sur les collaborateurs.

Ici encore l'enjeu est de prioriser. La première étape de réflexion produit une multitude de rôles, le manager se voit vite affublé de toutes les responsabilités ; telle la mule, on le charge jusqu'à le faire crouler.

Nous préconisons de limiter à cinq le nombre de rôles du manager. Par rôle, nous entendons « champ de responsabilité ». Au-delà de l'attente opérationnelle, qui consiste à atteindre les objectifs qui lui ont été fixés et qu'en principe il a acceptés, que signifie le métier de « faire faire » à ses collaborateurs et de « charnière de l'organisation » ?

Insistons sur le fait que les dirigeants ne doivent pas, à ce stade, définir les compétences des managers, ni leur marge de progrès. L'exercice consiste à définir des grandes catégories qui précisent ce que les managers doivent obtenir des autres par leur activité managériale. Les dirigeants ont souvent beaucoup de mal à sortir de l'énoncé de ce que doivent faire les managers. Invariablement, les mots « communiquer » ou encore « écouter » sortent au cours de cet exercice. Or, il ne s'agit pas là de dire ce qu'il faut faire ni même comment il faut faire pour manager, mais ce que le management doit produire. Cette production peut concerner les objectifs stratégiques mais aussi le fonctionnement collectif et les comportements individuels.

Au cours d'une mission, les rôles des managers sont formulés de la façon suivante :

- **Donner du sens :**
  - Transmet la préoccupation du client.
  - Se montre exemplaire.
- **Impulser et accompagner le changement :**
  - Être force de propositions et moteur d'améliorations.
  - Susciter l'adhésion.
- **Piloter pour délivrer, être moteur de l'exigence :**
  - Donner des objectifs.

- Accompagner.
- Évaluer, valoriser, reconnaître, sanctionner, récompenser.
- Alerter sa hiérarchie sur les risques.
• Impulser de l'énergie et de la motivation à ses équipes :
  - Exprimer des messages positifs.
  - Veiller à la convivialité de l'équipe.
• Garantir la transversalité et le jeu collectif :
  - Au sein de son équipe.
  - Et avec les autres équipes.

Il importe de vérifier que les rôles des managers vont conduire les collaborateurs à adopter les comportements cibles. Dans notre exemple, les comportements cibles sont le « sens du service », l'« ouverture au changement », la « rigueur ». On peut effectivement constater que si les managers sont vigilants à donner du sens, en l'occurrence s'ils se préoccupent du client, s'ils impulsent le changement en suscitant l'adhésion et s'ils sont moteur de l'exigence, ils font en sorte que leurs collaborateurs s'approprient les comportements choisis.

Les rôles des managers vont évidemment servir de base à leur évaluation qui, dès lors, ne se limite plus à l'atteinte des objectifs chiffrés mais prend aussi en considération leur formation, qui ne répond plus à la quête d'un modèle idéal mais à une nécessité en lien avec les enjeux stratégiques.

Les dirigeants, à travers cette démarche, vont demander aux managers de faire moins de choses. Mais en précisant et délimitant leur champ de responsabilité, ils vont aussi se montrer plus exigeants sur ce qu'ils attendent de l'acte managérial.

Faire moins de choses

Pour vérifier que les dirigeants ont réellement hiérarchisé, il est utile de leur demander ce que les managers ne feront plus au cours des années à venir. L'exercice est souvent difficile. Comme toujours, le renoncement est douloureux. Pour autant, préciser aux managers qu'un certain nombre de rôles qu'on leur demandait de tenir vont être tout simplement abandonnés ou confiés à d'autres, apporte à la démarche une crédibilité importante. Dans l'exemple précédent, nous avons challengé les dirigeants sur la nécessité du « développement des collaborateurs » qui, au final, n'apparaît pas. Après de longues discussions, ils ont admis que ce rôle ne serait plus pour les trois ans à venir dévolu aux managers.

Cet exercice est souvent plus riche lorsqu'on interroge les managers eux-mêmes sur ce qu'ils souhaitent ne plus faire lors de la phase de déploiement. Ce sont évidemment les tâches « administratives » qui sont immédiatement proposées comme source d'allègement. Bien souvent cette remise à plat de leur réelle valeur ajoutée les aide à refixer les priorités. Leurs propositions sont ensuite discutées avec les dirigeants.

Passer de l'obligation de moyens à l'obligation de résultats

La démarche vise aussi à faire prendre conscience aux managers du lien entre leur mode de management et les comportements de leurs collaborateurs. Trop souvent, les managers ont tendance à considérer que s'ils font leur travail selon les « règles », ils le font bien. Le reste dépend de la qualité de leurs collaborateurs, qualité sur laquelle ils n'ont pas d'influence. C'est ainsi que beaucoup pensent que s'ils font une réunion d'information en respectant les méthodes de management apprises lors de tel ou tel stage, ils ont rempli leur rôle, et que si les collaborateurs n'ont pas compris ou assimilé les informations en question, cela relève de leur responsabilité. C'est le management de l'obligation de moyens : « J'ai fait ce que j'avais à faire, pour le reste... » La démarche CSI consiste à leur faire adopter une mentalité d'obligation de résultats. Elle doit les conduire à raisonner ainsi : si mon collaborateur n'a pas le comportement adéquat, c'est probablement qu'en tant que manager, je n'ai pas fait ce qu'il fallait. Dès lors, la question n'est plus de tenir ou pas une réunion mais de trouver le bon moyen, compte tenu des circonstances et des spécificités de son équipe, de faire en sorte qu'elle s'approprie l'information. C'est plus exigeant, mais aussi plus constructif et efficace.

Cette approche interactive redonne au manager son rôle de premier plan. C'est bien son mode de management qui produit la performance et non pas la qualité de son équipe comme si elle était intrinsèque. C'est l'occasion de rappeler à tous que l'acte managérial est au cœur de la production des résultats opérationnels de l'entreprise.

Le cadre de la CSI est ainsi posé :
- les enjeux stratégiques sont simples et transmissibles à tous ;
- les progrès à faire dans le fonctionnement collectif sont exprimés ;
- les comportements attendus de chacun sont précisés ;
- les rôles que les managers ont à remplir sont clairs.

Le plus difficile reste à faire : que la CSI devienne une réalité dans la vie quotidienne de l'ensemble des collaborateurs, pour donner du sens à ce qu'ils font et pour qu'ils s'accordent tous sur les mêmes priorités.

Chapitre 6

Déployer la cohérence
stratégique interne

Comment la communiquer

Comme nous allons le voir la communication repose en
grande partie sur les ateliers de réflexion qui permettent
aux acteurs de s'approprier la démarche. Reste qu'il est
souvent indispensable que l'équipe dirigeante communique elle-même les résultats de sa propre réflexion. En
expliquant sa démarche qui l'a conduite à prioriser, à
définir des progrès collectifs, à demander des efforts à
l'ensemble des collaborateurs sur trois comportements
précis, à expliciter le rôle des managers, l'équipe dirigeante donne du sens à l'action collective et produit un
élan en s'engageant personnellement. Au-delà des mots,
il importe qu'elle soit le plus clair possible sur ce qu'ils
signifient pour elle. Elle doit aussi montrer les liens entre
les différents registres de la CSI. Enfin, elle se positionne
comme le garant de sa mise en œuvre.

Ce type de communication prend en général la forme d'un événement réunissant un grand nombre de managers de l'entreprise. Il doit utiliser toute la symbolique qui marque les esprits. Il ne faut pas le faire tous les ans, mais au rythme de la CSI, soit tous les deux ou trois ans.

Le déploiement de la démarche

Qui doit faire quoi ?

L'un des principaux obstacles pour faire progresser les collaborateurs sur le plan comportemental tient au manque de précision. Bien content déjà d'avoir nommé les comportements cibles, on les transmet aux collaborateurs, souvent par e-mail ou sous forme de communication indirecte tout en affirmant que c'est très important. Rien sur ce qu'on met derrière les mots, rien sur ce qui permet de vérifier qu'un comportement est adopté ou ne l'est pas. Pire encore, rien sur une personnalisation indispensable du cadre général à chacun des collaborateurs. Il importe donc de se répartir les rôles au long de la chaîne hiérarchique pour faire vivre les comportements.

Aux dirigeants de définir l'**état d'esprit** dans lequel chacun doit être pour mettre en œuvre les comportements. Puis, chaque entité, lors du déploiement, précise comment cet état d'esprit se traduit en **comportements**.

On ne cherche pas à faire des clones

Dès que l'on parle de comportements, certains ont le sentiment que l'on veut imposer la même attitude à tous. Il est vrai que dans les entreprises anglo-saxonnes les comportements sont parfois codifiés dans leurs moindres détails et chacun se doit de les appliquer de façon quasi mécanique. Mais ce n'est ni notre préconisation ni notre conception de l'usage des comportements. Autant il nous paraît essentiel d'introduire la dimension comportementale dans la démarche de cohérence interne, autant les comportements définis par les dirigeants doivent trouver des modes d'expression très variés en fonction de la personnalité des collaborateurs, des situations dans lesquelles ils se trouvent, de l'utilité du comportement par rapport à l'objectif global. Autrement dit, il ne s'agit pas d'induire des attitudes stéréotypées mais une véritable intelligence comportementale mise en œuvre par chacun en fonction de son évaluation de la situation et dans un objectif collectif partagé. C'est pourquoi une démarche de ce type suppose que chacun ait pu participer à une réunion de réflexion sur la façon dont il peut lui-même contribuer par son comportement à son déploiement.

Faire réfléchir
pour favoriser l'appropriation

- « Bon ! Maintenant, il faut que nous fassions un plan de com.
- Certes, mais est-ce que cela va suffire ?
- De toute façon, on n'a pas le temps de faire autre chose avec les *road shows* qui se préparent. Je vais confier ça à Nathalie, lui donner un bon budget et, comme d'habitude, elle va faire des merveilles. »

Comme toujours dans l'entreprise, il n'est pas aisé de passer de la réflexion des dirigeants à la mise en œuvre par l'ensemble des collaborateurs. La réponse habituelle tient en un mot : communiquer. On explique le plus souvent avec pédagogie le contenu de la réflexion et ses conséquences en termes de changement pour chacun. La difficulté principale tient à la quantité d'informations ingurgitées par tous dans l'entreprise et, dans ce cas précis, à la nécessité d'induire un changement. L'autre difficulté est liée au besoin de communiquer en cascade sur un sujet comme celui-là qui nécessite un véritable échange avec les protagonistes et pas seulement des instructions.

C'est pourquoi il nous semble préférable de déployer la démarche en favorisant des étapes de réflexion aux différents niveaux de l'entreprise. Dans l'idéal, il est souhaitable que chaque collaborateur participe à une réunion de réflexion, ce qui est plus ou moins réalisable selon la taille de l'entreprise. Cependant, il est clair que plus les managers et leurs collaborateurs ont pu contribuer en l'enrichissant de leur propre réflexion, plus ils sont engagés dans le processus. Parfaitement convaincus, ils peuvent assurer le rôle de courroie de transmission de façon efficace. D'autant que cette transmission doit se faire sous forme de communication directe auprès des protagonistes avec un échange permettant les questions et les réponses.

Les séminaires avec les managers relais

De façon concrète, les managers relais de la démarche sont réunis en séminaire au cours duquel un rappel des étapes de l'élaboration de la CSI est présenté en introduction. Il est fondamental de rappeler le sens global et, évidemment, d'insister sur le rôle des managers tel qu'il a été précisé. On les invite à travailler avec leur équipe lors de réunions au cours desquelles il leur est demandé :

- d'exprimer la stratégie en termes de plans d'action pour leur entité ;
- d'identifier ce que doit améliorer leur équipe dans son fonctionnement collectif pour atteindre ces objectifs ;
- de préciser le contenu des comportements cibles pour leur pratique quotidienne et d'évaluer s'ils sont déjà ou pas suffisamment mis en œuvre ;

- de faire le lien entre l'attitude des managers et celle des collaborateurs : est-ce qu'ils ont pu noter dans le passé que le mode de management pouvait induire des comportements inadaptés, puis en quoi les rôles des managers tels qu'ils ont été définis permettront-ils de produire les comportements cibles ?

La dernière étape consiste à les aider à construire la façon dont ils vont transmettre la CSI à leurs propres collaborateurs. Outre un kit de présentation, il est utile de les entraîner dans un jeu de rôle à répondre aux objections probables de leurs collaborateurs. La rapidité du déploiement est cruciale pour irriguer l'ensemble de l'entreprise de la CSI.

Les managers avec leurs propres collaborateurs

Chaque manager a la responsabilité de présenter la démarche à son équipe qui, elle-même, est invitée à contribuer à la réflexion sur les progrès collectifs et les comportements. Chacun peut donc donner son avis sur la façon dont les progrès attendus peuvent être mis en place de façon concrète. Les collaborateurs sont ainsi sensibilisés aux efforts qui leur seront demandés sur leur propre comportement. Ces efforts seront formulés en objectifs concrets lors d'un entretien individuel avec le manager, entretien qui permettra d'expliciter sur quoi le collaborateur en question devra progresser.

Il est souvent utile de faire accompagner le manager lors de ces réunions par un consultant. Le manager peut ainsi pleinement se consacrer à son rôle de leader de l'équipe pendant que le consultant, garant de la méthode, veille à ce que chaque étape soit franchie de façon efficace.

Spécifier le contenu des comportements cibles

Rien n'est plus flou et ouvre plus à l'interprétation que le vocabulaire comportemental. Chacun y met ce qu'il veut, c'est-à-dire ce qui l'arrange. Considérons, par exemple, le comportement « sens du service ». On peut avoir deux vendeurs aux comportements opposés qui légitimement s'en réclament. D'un côté, celui qui apprécie son produit passera une demi-heure, voire une heure, avec chaque client pour lui expliquer tous les tenants et aboutissants de son choix, laissant attendre la file de clients. De l'autre, celui qui est préoccupé de ne pas faire attendre, expédiera chacun de ses interlocuteurs sans leur apporter la valeur ajoutée attendue. L'un et l'autre peuvent penser sincèrement mettre en œuvre le sens du service. Cet exemple illustre deux points.

Le premier est qu'il est important de préciser ce que l'on entend par chacun des comportements. Plus on est précis sur le plan comportemental, plus on a de chances d'obtenir des résultats concrets avec l'ensemble de ses collaborateurs.

Le second est que la mise en œuvre des comportements ne suppose pas les mêmes efforts pour tous. Chacun va devoir s'interroger sur ce qu'il a dû changer en lui pour adopter le comportement cible. Forcément, les efforts ne seront pas les mêmes pour les uns et les autres. Changer de comportement nécessite d'aller contre sa nature.

Préciser le contenu d'un comportement consiste à faire le lien entre comportements et principes pour agir, et à expliciter les manières de faire.

Les « manières de faire »

Elles sont l'expression concrète des comportements, ce qui peut se constater par des tiers et qui permet de dire si l'un ou l'autre adopte ou n'adopte pas le comportement. L'énumération des manières de faire n'est jamais exhaustive. Chacun va trouver ses propres manières de faire en fonction de son tempérament, de la situation dans laquelle il se trouve. Sans vouloir toutes les énumérer, il est indispensable d'illustrer le comportement par une liste de manières de faire mais aussi de montrer ce que n'est pas le comportement. Il est aussi utile de préciser ses limites.

Exemple de manières de faire du sens du service définies par une entité opérationnelle

- Accueil et relationnel :
  - Souriant et aimable dans son relationnel tout au long de la vente ou du service.
  - Attitude non verbale tournée vers le client.
  - Regarde le client, va vers le client.
- Disponibilité :
  - Demande au client s'il peut lui être utile.
  - Interrompt toute tâche pour aller vers le client.
  - Écoute la demande, questionne.
  - Gère aimablement la file d'attente.
- Orienté solution :
  - Se met à la place du client et respecte sa demande.
  - Met tout en œuvre pour trouver la solution.
- Personnalise la relation avec le client :
  - Donne son prénom, carte, tél.
- Accompagne le client :
  - Jusqu'au rayon, vers le bon interlocuteur, au relais suivant.
  - Remet le produit en main propre.
  - Se sépare aimablement du client.

- Stimule la curiosité et l'envie du client :
  - Produit/service complémentaire.

Les limites du sens du service

- Flux des clients :
  - Savoir prioriser.
  - Ne pas défavoriser les uns par rapport aux autres.
  - Maintenir un bon relationnel en situation de stress/client désagréable...
- « Hard selling » :
  - Priver le client de sa rêverie d'acheteur.
  - Perturber sa tranquillité.
  - Ne pas répondre à son attente.
- Les passions du vendeur :
  - Sur-qualité.
  - Passer beaucoup de temps sur une vente parce que le sujet intéresse en oubliant la rentabilité.

Cet exercice des manières de faire et de leurs limites, qui sont élaborées par les acteurs eux-mêmes, les implique véritablement dans la démarche. Elle devient la leur, ils partagent leur vision de l'efficacité et comprennent l'utilité des efforts qui leur sont demandés.

Développer les managers et adapter l'ensemble des outils de management

Pour rendre le modèle concret dans la réalité quotidienne, il est indispensable d'ajuster l'ensemble des outils dits classiquement « RH ». Nous préférons les nommer **outils de management** de façon à ce qu'il n'y ait pas de confusion sur l'objet de leur appropriation. Trop souvent ces outils demeurent la « propriété » des directions des ressources humaines qui les conçoivent, et ces dernières ont beaucoup de mal à faire en sorte que les managers se les approprient. Tous les outils suivants sont concernés :

* l'entretien annuel ;
* le programme de formation des managers ;
* le mode d'évaluation des managers ;
* les modalités de fixation de la rémunération variable.

– « Je ne comprends pas pourquoi on a encore changé l'entretien annuel.
– Pour l'améliorer et y intégrer un plan de développement qui tienne compte du droit individuel à la formation tout en restant centré sur les objectifs de progrès des collaborateurs.
– C'est pour ça qu'on a trois pages de plus à remplir ?
– Oui, mais ça devrait t'aider dans ton rôle de manager et dans ton dialogue avec tes collaborateurs.
– En fait, ce qui m'aiderait surtout, ce serait d'avoir un outil plus simple et pas plus compliqué. »

Changer ou faire évoluer ces outils entraîne toujours des chantiers considérables, surtout dans les grandes entreprises. Les services compétents des ressources humaines y travaillent de longs mois et dans un souci d'exhaustivité produisent des outils peu critiquables sur le fond mais critiquables dans leur usage. De plus, il est fréquent de constater une déperdition d'informations entre ceux qui les ont élaborés et ceux qui les présentent aux managers. Ceux-ci ont tendance à vivre ces changements comme une contrainte supplémentaire par rapport à leur quotidien. Mais surtout, ils ne voient pas toujours en quoi les changements apportent une nouvelle valeur ajoutée, et quelle a pu être la motivation du changement en dehors d'un souci de perfectionnisme des fonctions supports. Ils paraissent à beaucoup déconnectés de leur vie quotidienne et de leurs objectifs opérationnels. Ici encore, la démarche CSI offre l'avantage de mettre en lien les outils

77

de management et donc la fonction même de management avec la stratégie de l'entreprise.

Il importe donc que tous ces outils soient construits sur une même structure et qu'ils soient répétitifs les uns par rapport aux autres. On oublie souvent dans l'entreprise que la base de la pédagogie est la répétition.

L'entretien annuel

Véritable institution managériale, il est pratiqué par presque tous ; les moins exemplaires étant souvent ceux qui sont tout en haut de la pyramide. Il s'agit d'y introduire pour l'ensemble des collaborateurs une évaluation sur les trois comportements cibles, et pour les managers de cadrer l'entretien sur les rôles définis en fonction de la CSI.

L'entretien avec les collaborateurs sur les comportements vise notamment à leur faire exprimer comment ils comprennent l'utilité de ces comportements, comment ils pensent devoir les mettre en œuvre et les points sur lesquels ils pourraient avoir à progresser au cours de l'année à venir. Il s'agit autant de pédagogie que d'évaluation et de fixation d'objectifs. L'entretien annuel permet de vérifier que chacun, à sa façon et en fonction du poste qu'il occupe, comprend la démarche globale et se l'approprie en y contribuant pratiquement. Pour être encore plus concret, il faut à cette occasion fixer des critères d'évaluation des comportements. Pour les fixer, il convient de s'interroger sur quoi on pourra se baser pour dire que le collaborateur met en œuvre les comportements. Ces critères permettent d'être sûr que l'on met la même chose derrière les mots et évitent les contestations au moment de l'évaluation.

On émet trop souvent l'hypothèse que le statut de cadre des managers les dispense d'une pédagogie détaillée, comme s'ils comprenaient à demi-mot. Ce qui les piège eux-mêmes, car du coup ils n'osent pas dire qu'ils n'ont pas compris, font semblant vis-à-vis de leur hiérarchie puis ne relaient rien ou mal à leurs collaborateurs. Il s'agit donc bien, aussi avec eux, de vérifier qu'ils ont compris la démarche et de les faire réfléchir à ce que cela doit modifier dans leur pratique managériale.

Le programme de formation des managers

La formation des managers est clivée en deux catégories. D'un côté, les formations « boîte à outils » sont destinées, la plupart du temps, aux managers débutants ou aux managers dits « de terrain ». Elles leur transmettent les quelques techniques utiles dans les actes quotidiens du management de type conduite de réunion, fixation d'objectifs, conduite de l'entretien annuel, etc. Leur principale utilité est de rassurer les managers débutants et de leur donner un référentiel. Leur limite est évidemment liée à la diversité des situations rencontrées par les managers dans lesquelles l'application d'une technique est loin d'être suffisante. L'autre type de formation est celle destinée à l'élite du management. Souvent ce sont des séminaires prestigieux confiés à une école de commerce de premier plan et perçus par tous plus comme un signe de reconnaissance que comme un véritable apprentissage.

Dans le cadre de la CSI, la formation est le support indispensable aux managers pour remplir leur rôle. Il s'agit bien d'un apprentissage de type comportemental et qui s'adresse à tous. Il est donc essentiel que les dirigeants, à commencer par le comité exécutif, s'y plient. À chaque fois que les dirigeants ont exprimé qu'ils n'avaient pas besoin de se développer sur le plan des compétences comportementales, les formations ont été peu ou pas mises en œuvre dans l'ensemble de l'entreprise. C'est un domaine où l'exemplarité est déterminante.

Le programme doit être simple et ne comporter que peu de séminaires : il doit y avoir une partie commune qui rappelle le cadre de la CSI et le rôle attendu des managers, et une partie choisie qui répond à un besoin d'amélioration spécifique de chacun. Nous suggérons de proposer un séminaire par rôle managérial défini dans la CSI. Chacun ayant à déterminer, avec son entourage ou à l'aide du système d'évaluation qui peut être intégré au séminaire, sa cible prioritaire de progrès.

Le mode d'évaluation

Les rôles des managers sont à la fois clairs et limités. Il est donc logique que leur évaluation porte sur ces rôles. Cette évaluation comporte deux volets. Le premier, pratiqué par tous, concerne l'atteinte des objectifs. La plupart du temps, c'est même le seul qui est pris en compte. Le risque de s'y limiter est clair. En n'accordant de l'importance qu'à la fin sans se préoccuper des moyens, on encourage l'usage de moyens à court terme et on favorise les jeux individuels aux dépens des jeux collectifs. Par exemple, un manager pourra avoir intérêt à se montrer très autoritaire et interventionniste, ce qui est efficace à court terme mais qui induit une attitude de passivité et d'absence d'initiative chez les collaborateurs à moyen terme très dommageable pour l'entreprise. Souvent, les managers évoluent vite dans leurs postes et ne sont plus là pour récolter ce qu'ils ont semé...

Prendre en compte les moyens managériaux dans l'évaluation consiste à vérifier qu'au-delà des résultats, le manager veille à remplir les rôles définis dans la CSI. La principale difficulté est que les moyens ne peuvent pas s'évaluer de la même façon que l'atteinte des objectifs. Ces derniers sont classiquement évalués par le n + 1 qui vérifie et éventuellement pondère en fonction des évolutions du contexte. Au contraire, dans les modalités de mise en œuvre, le n + 1 est souvent peu compétent. Il dispose de peu d'informations sur la manière qu'a son collaborateur de remplir les rôles qui lui ont été donnés car ceux-ci sont, la plupart du temps, orientés principalement vers les collaborateurs et accessoirement vers les collatéraux. Certes, un suivi précis comportant des entretiens réguliers qui entrent dans le détail, l'observation du manager évalué dans son contexte avec ses collaborateurs et le recoupement d'informations permettent de se faire une idée, mais généralement les informations recueillies sont des informations indirectes. Il est donc nécessaire d'enrichir l'évaluation du manager de celle des principaux intéressés : collaborateurs et collatéraux. Dès lors, la méthode la plus efficace est celle du 360° ou plutôt en l'occurrence, comme il s'agit des collaborateurs et des collatéraux, du 180°. C'est un questionnaire écrit qui comprend une partie de questions fermées et une partie de questions ouvertes.

L'évaluation par 180°

Nous sommes bien conscients qu'il s'agit d'un usage détourné de l'outil 360° qui a été conçu initialement comme outil de développement et non pas d'évaluation. Pour autant, à condition de respecter les règles ci-dessous, le 180° nous paraît être un outil très efficace pour recueillir des informations indispensables à l'évaluation des managers.

La première règle est de présenter l'outil aux managers suffisamment à l'avance pour qu'ils sachent sur quoi ils

81

seront évalués par leur entourage. Dans notre pratique, l'outil est rédigé juste après la définition du contenu du CSI par l'équipe dirigeante et il est présenté très tôt au moment du déploiement. Autre règle à respecter, celle de l'anonymat des évaluateurs. Ceux-ci sont proposés par la personne évaluée mais la liste définitive est fixée par le n + 1. Les évaluateurs doivent être en nombre suffisant, c'est-à-dire au moins six collaborateurs et quatre collatéraux. Ensuite, il importe de faire une restitution individuelle à l'intéressé. Notre expérience révèle qu'il est utile qu'elle soit menée par un consultant extérieur qui n'est pas juge et partie et qui a pour rôle d'aider l'intéressé à intégrer les résultats de l'évaluation dans une dynamique de progrès.

Dans les entreprises que nous suivons dans la durée, ce débriefing est optionnel mais 90 % des managers le redemandent la seconde année. La charge émotionnelle d'une évaluation est toujours forte. Mais lorsqu'elle est faite par ses propres collaborateurs, elle est encore amplifiée. Nous assistons à des réactions soit d'incompréhension, soit de banalisation sans remise en cause. Le consultant est là pour aider à mettre en perspective l'évaluation et à faire prendre conscience à l'intéressé des points sur lesquels il aurait intérêt à se développer. Dès lors, le 180° va permettre d'orienter pour l'année suivante le programme de développement. Enfin, les résultats du 180° ne doivent jamais être pris au pied de la lettre et être utilisés de façon systématique dans le système de récompense/sanction. Un DRH, dans un souci d'équité et de systématisation, avait fait un essai de moyenne de l'ensemble des notes aux items pour classer les managers les uns par rapport aux autres. Le résultat n'a pas été concluant. Les managers émergents étaient ceux qui souvent se montraient les moins exigeants avec leurs collaborateurs. C'est pourquoi les résultats doivent être discutés et analysés par rapport au contexte du manager. Il peut être justifié qu'un manager obtienne de mauvaises appréciations sur certains items qui ne seraient pas adaptés au contexte spécifique de l'équipe qu'il dirige. Ainsi, un manager dont l'équipe est en crise, pourra être amené à prendre des positions autoritaires perçues par ses collaborateurs comme arbitraires : ils le noteront dans leur évaluation.

La fixation de la rémunération variable

Elle constitue le mode de récompense et de sanction le plus utilisé. Il est donc essentiel de la relier à la mise en œuvre de la CSI. La plupart du temps, deux éléments sont pris en compte dans la rémunération variable : un aspect collectif (résultats de l'entreprise ou de l'entité) et un aspect individuel (atteinte des objectifs). Le prorata entre les deux dépend de la part d'individualisme que l'on cherche à induire.

Pour les managers

On peut discuter à l'infini des poids respectifs que doivent avoir les différents composants. Il nous semble que l'atteinte des objectifs ne doit jamais représenter moins de 50 % et jamais plus de 70 %. La mise en œuvre des rôles du manager de la CSI doit peser entre 25 et 40 %[1]. Les introduire dans la rémunération variable permet d'évaluer comment chacun contribue individuellement à l'atteinte des résultats collectifs. Pour autant, on peut

---

1. Le reste de la rémunération variable pouvant reposer sur des performances collectives.

continuer à maintenir une part qui doit être faible sur les résultats collectifs. Ces règles de pondération ne sont pas nécessairement les mêmes à tous les niveaux hiérarchiques. On peut, notamment, considérer que plus on monte dans l'échelle, plus la part des résultats globaux devrait peser sur la rémunération variable. Cependant, dans un souci de simplicité, surtout au début de la démarche, il est préférable de fixer un même taux pour tous et évidemment de l'annoncer.

Pour les collaborateurs

La rémunération variable n'est pas la règle. Il nous semble que même si elle ne représente qu'une faible part de la rémunération globale, elle contribue à engager l'ensemble des collaborateurs dans la démarche. On peut mettre un prorata identique à celui des managers en remplaçant la mise en œuvre de leur rôle de manager par la mise en œuvre des comportements. Pour éviter la célèbre « note de gueule », il est alors indispensable de se référer aux critères de mise en place des comportements tels qu'ils ont été fixés lors de l'entretien annuel.

Évaluer chacun

La principale difficulté vient ensuite de la façon dont on applique le barème. Ici encore, quelques points de repère sont utiles. Une rémunération variable répond à la performance globale d'un manager par rapport aux autres. Il importe donc de la déterminer en pondérant la performance des uns par rapport à celle des autres. Elle comporte une part de subjectivité qui a besoin d'être challengée. C'est pourquoi elle ne doit pas être fixée par une personne mais par un groupe de personnes. C'est donc une équipe dirigeante qui établit, lors de la même séance, la rémunération variable de l'ensemble de ses collaborateurs. Les résultats du 180° sont alors examinés et discutés. Selon nous, il est utile que le DRH ou un consultant extérieur ait pu faire une synthèse de ces résultats et qu'il les ait présentés pour chacune des personnes évaluées. Cela permet d'ouvrir l'échange entre les évaluateurs.

Chapitre 7

Évaluer la mise en œuvre de la cohérence stratégique interne

Quels résultats peut-on attendre d'une telle démarche et comment les mesurer ? Même les dirigeants les plus convaincus de l'utilité de favoriser la cohérence interne de leur entreprise attendent des réponses précises à ces deux questions.

Les résultats attendus

Ils sont de quatre ordres. Le premier concerne la façon dont les acteurs de l'entreprise s'impliquent et se responsabilisent, le deuxième la façon dont ils priorisent leurs actions quotidiennes et dont ils prennent des initiatives, le troisième est en lien avec le jeu relationnel et le fonctionnement transversal et enfin le dernier a trait à l'adaptabilité des collaborateurs. Reprenons ces différents points.

Implication, responsabilisation

Toutes les entreprises se sont investies pour favoriser l'implication de leurs collaborateurs et la prise de responsabilité. Le principe consiste à clarifier les objectifs de l'individu et à lui donner une certaine marge de manœuvre pour les atteindre. Cette tendance est entravée par deux difficultés principales dans la vie quotidienne. La première est liée au fonctionnement matriciel qui multiplie les contraintes et qui donne l'impression aux acteurs d'être pris entre des feux multiples. Cela peut les conduire à se couvrir en attendant les instructions, plutôt qu'à prendre le risque d'assumer leur rôle ; la démotivation est souvent associée à la déresponsabilisation. La seconde difficulté est liée à la recentralisation et l'hypercontrôle que l'on constate de plus en plus dans les grands groupes. Comme si devant l'immensité de la taille, la seule solution pour garder un peu de contrôle passait par les procédures, dictées à l'envi par l'instance centrale ; procédures qui souvent reviennent à obliger les acteurs à demander des autorisations pour tout. Le contrôle, au lieu de s'exercer *a posteriori* après délégation de pouvoir, s'exerce *a priori*. Il devient dangereux de prendre des initiatives, mieux vaut se laisser porter par l'organisation, comprendre à qui il ne faut pas déplaire et apprendre à communiquer sur le peu que l'on peut mettre à son crédit.

La démarche CSI, en clarifiant comment la stratégie se décline par entité, doit être associée à une délégation des responsabilités. La prise de responsabilités est favorisée par la compréhension par chacun des contraintes et des enjeux de l'entreprise. Il lui est demandé d'en tenir compte et d'y contribuer par sa réflexion. Ainsi, le cadre de cohérence étant clair pour tous, il peut se substituer partiellement au déferlement de procédures qui tendent à tout verrouiller.

Priorisation, prise d'initiatives

Sur ce point aussi l'entreprise est en plein paradoxe. D'un côté, bien des dirigeants trouvent que leurs collaborateurs ne prennent pas assez d'initiatives et se désolent de leur passivité. De l'autre, aucun d'entre eux ou presque ne supporte les erreurs considérées le plus souvent comme des fautes. En réalité le malentendu principal sur la prise d'initiatives concerne son champ d'application. Dans quel domaine l'initiative peut-elle être prise par chacun, jusqu'où peut-elle aller ?

Le cadre de la CSI, en précisant les comportements en lien avec la stratégie, éclaire le domaine d'initiative de chacun. Lors de la déclinaison par entité, l'échange direct entre le manager et son collaborateur permet à ce dernier de savoir comment il doit mettre en œuvre les comportements. Cet exercice aide à expliciter comment chacun doit prioriser son action. Or, c'est en étant clair sur la façon de prioriser que l'on peut autoriser l'initiative. En l'absence de capacité à prioriser, chaque nouveau problème est soumis au chef qui donne des ordres sur ce qui doit être fait. Par peur de se tromper, chaque collaborateur se transforme en exécutant, attendant les instructions et ayant renoncé à comprendre le pourquoi du comment.

Amélioration du jeu relationnel et du fonctionnement transversal

L'entreprise, reflet de la société, souffre d'un excès d'individualisme. Elle l'a largement favorisé en encourageant la performance individuelle et en faisant jouer à fond les mécanismes de rivalités internes pudiquement appelés « émulation ». De plus, sur le plan managérial, en survalorisant les résultats par rapport à la manière de les obtenir, elle a clairement fait comprendre à chacun qu'il avait intérêt à jouer sa carte personnelle aux dépens des autres dans une perspective court-termiste. On peut considérer que ce mode de management incite implicitement chacun à ne pas être collaboratif et à développer des attitudes uniquement centrées sur ce qui pourrait être sa propre valorisation.

Cette tendance est contrebalancée dans la démarche CSI par la prise en compte des comportements. En précisant les comportements cibles et les rôles managériaux, les acteurs ne peuvent plus ne pas tenir compte de la façon dont ils sont perçus par les autres. Leurs interactions font partie intégrante de leur performance. Plus question de ne se centrer que sur ses résultats personnels. D'autant que la rémunération variable des managers dépend désormais de la façon dont ils remplissent leurs rôles, et donc de leur mode de management.

Amélioration de l'adaptabilité

En mettant les comportements au premier plan, la CSI invite chaque acteur de l'entreprise à s'interroger sur les siens pour modifier son attitude. Elle illustre d'ailleurs que ces comportements sont opportuns par rapport à un contexte, ce qui signifie clairement que lorsque le contexte aura évolué, ce qui ne manquera pas d'arriver, d'autres comportements seront à mettre en place. Ainsi la CSI formalise la nécessité pour chacun de se placer dans une dynamique d'adaptation, et donne un cadre pour la mettre en application. Elle encourage cette dynamique par l'évaluation qui est faite pour chacun de sa capacité à évoluer. En favorisant l'adaptabilité, elle favorise le ressort principal de la compétitivité des entreprises. Cette adaptabilité promue par les dirigeants est toujours plus facile sur le plan de la stratégie et de l'organisation que sur celui des comportements. La plupart du temps, elle est demandée brutalement aux collaborateurs sans les y avoir préparés ni prévenus. Si, pour rester compétitive, l'entreprise doit mettre en place un processus permanent de progrès, elle doit aider ses collaborateurs à garder une souplesse comportementale. Cette souplesse s'entretient par des petits changements successifs accompagnés. Ce cadre est proposé par la CSI et il concerne tout le monde, du P.D.G. au collaborateur le plus modeste.

Comment évaluer les résultats

Bien souvent ils ne sont pas évalués. Dans le domaine du management si la question de l'évaluation des résultats est fréquemment évoquée, dans la réalité, elle n'est traitée que de façon exceptionnelle car on manque générale-ment d'outils d'évaluation simples, et l'entreprise rechigne à investir dans ce domaine. Cette évaluation se limite sou-vent à la perception des dirigeants, indicateur intuitif par-fois pertinent mais sans grande précision. La CSI offre un outil de suivi chiffré, facile d'utilisation.

Le 180° comme indicateur de suivi

Le 180°, outil informatisé, est une somme d'informations qu'il suffit de consolider au niveau de l'ensemble de l'en-treprise, voire des différentes entités, pour disposer d'une perception globale du management. Cette consolidation, année après année, permet de suivre l'évolution des colla-borateurs et d'orienter les programmes de formation. Ainsi, dans une entreprise ce type de suivi a montré que les managers avaient collectivement une note plus faible aux items concernant le partage de l'information, la gestion des conflits et l'écoute des autres. Le programme de formation de l'année suivante a pu se centrer sur la compréhension et la gestion des relations et sur la gestion de l'information.

91

Notons, de plus, que les commentaires qualitatifs constituent aussi une riche source de renseignements. Si cela présente peu d'intérêt de les consolider, ils donnent, en revanche, de précieuses indications sur l'ambiance.

D'autres indicateurs permettent de suivre l'évolution et les résultats. Les enquêtes sociales qui se sont généralisées dans presque toutes les grandes entreprises en font partie. Quasiment toutes comportent des questions sur le management. Elles sont, la plupart du temps, assez générales et ne sont pas en lien avec la CSI. Le mieux est d'enrichir l'enquête sociale avec des questions en lien avec la CSI, et ainsi de disposer d'un outil de suivi supplémentaire.

Les enquêtes qualitatives, qui consistent à interviewer en tête à tête un échantillon de collaborateurs de l'entreprise, sont aussi un moyen de suivi très riche en informations. Cette approche se fait par entretiens semi-directifs. Elle offre l'avantage d'être plus précise dans les perceptions des collaborateurs et leur compréhension de la démarche et des changements qu'elle a entraînés. À l'inverse des deux autres qui ne représentent qu'un coût marginal, cette dernière suppose un investissement de la part de l'entreprise. Elle nous paraît particulièrement utile à l'issue d'un cycle de CSI, soit au bout de trois à quatre ans. Il est alors pertinent de la faire précéder d'un bilan approfondi du projet qui se termine, pour orienter la nouvelle CSI à entamer.

L'entreprise
sans cohérence stratégique interne

La plupart des entreprises fonctionnent sans CSI et, dieu merci, elles fonctionnent bien. Souvent, elles tournent autour du thème de la cohérence sans le pousser jusqu'au bout car elles n'y intègrent pas les comportements des collaborateurs et le rôle des managers en lien avec la stratégie. Le contenu de la cohérence a alors tendance à se limiter à la définition d'axes stratégiques simples et compréhensibles par tous, déclinés en plans d'action. Cette approche, qui s'en tient au but et ne détaille pas les aspects comportementaux, est évidemment moins concrète pour l'ensemble des collaborateurs et ne produit donc pas dans les mêmes proportions les quatre effets attendus sur l'implication, la prise d'initiative, le jeu relationnel et l'adaptabilité. Généralement les aspects comportementaux sont évoqués à travers les valeurs ou dans les formations, ce qui donne plus l'impression de vouloir « formater » les collaborateurs selon un moule qui a été décidé en fonction d'on ne sait quels critères, que de les engager en tant qu'individus responsables dans une démarche collective. De plus, ces prescriptions comportementales sont exhaustives, non priorisées et non renouvelées. Elles donnent l'impression d'une quête sans fin à laquelle se réfèrent les dirigeants lorsque cela les arrange pour mettre en accusation telle ou telle personne. Dans le meilleur des cas, c'est un serpent de mer qui risque de passer aux oubliettes, dans le pire c'est un outil d'excommunication de tel ou tel manager écarté sur des critères comportementaux appliqués uniquement à ceux que leurs accusateurs souhaitent déstabiliser.

L'entreprise qui ne contrôle pas son destin

Cependant, dans certaines situations l'entreprise ne peut pas mettre en œuvre de CSI car elle se trouve dans l'incapacité d'indiquer ou de communiquer clairement les orientations à suivre, par exemple en raison de paramètres qu'elle ne contrôle pas. Ce sont les situations de fusion, de vente, de changement de président, de crise financière ou sociale grave, etc. Dans toutes ces situations, l'entreprise est en crise et son avenir est incertain. La stratégie n'est, par définition, pas claire. Beaucoup s'interrogent alors sur leur avenir personnel et sont d'abord préoccupés par le poste qu'ils auront, s'ils en ont un. Sur le plan de l'activité, l'enjeu principal est de garder ses clients, de maintenir son chiffre. Il faut surtout ne rien changer pour préserver ce qui existe. Les collaborateurs et l'entreprise sont dans une situation de survie dans laquelle l'avenir n'est pas prévisible et tous les efforts sont centrés sur le présent. Construire une CSI suppose de pouvoir reprendre son souffle et d'avoir un minimum de garanties sur l'avenir.

Troisième partie

SOULAGER LES MANAGERS

On l'aura compris, pour soulager les managers, la mise en place d'une CSI est centrale. C'est en hiérarchisant que le rôle des dirigeants est déterminant. Pour autant, cela ne suffit pas à soulager les managers. Dans un premier temps, ce sont les managers eux-mêmes qui doivent faire une partie du chemin. Ils ont tendance à s'approprier facilement le modèle de l'omnipotence et se positionnent volontiers comme indispensables. S'ils en sont les premières victimes et s'en plaignent, ce sont des victimes actives à contribuer à leur situation. Les soulager suppose donc d'abord un cheminement personnel sur leur positionnement et leur posture de manager. Leur positionnement concerne essentiellement leur rôle par rapport à l'expertise. Leur posture de manager doit les conduire à adopter dans l'esprit de la CSI une approche du management qui ne consiste pas à appliquer des recettes mais à **concevoir leur rôle en fonction des effets attendus sur leurs équipes**.

Nous allons maintenant voir comment les managers ont intérêt à se libérer de l'expertise, puis comment ils peuvent prendre du recul pour construire leur propre mode de management. Et enfin, en tant que relais de la CSI, comment ils peuvent faire reconnaître les vraies priorités de leur rôle.

Quant aux dirigeants, ils doivent gérer de façon beaucoup plus rigoureuse la sollicitation des managers par les fonctions. En effet, chacune d'entre elles conduit ses réformes et personne ne s'interroge sur le temps que cela prend aux managers.

Chapitre 8

Se soulager de l'expertise

Au long de nos différents livres sur le management nous avons décrit cette confusion qui existe entre l'expertise et le management et ses conséquences sur le mode de management. Nous voudrions ici montrer combien cette confusion entre les compétences et la valeur ajoutée piège le manager à en faire toujours plus. Rappelons que l'expert est celui dont la valeur ajoutée repose sur ce qu'il **fait lui-même**, et que le manager est celui dont la valeur ajoutée repose sur la capacité à **faire faire** aux autres.

Expertise et management ne font pas bon ménage

- « Heureusement que je suis là !
- Oui, on le sait, tu es indispensable.
- C'est facile de faire de l'humour, mais j'ai quand même vendu tout seul 25 % du chiffre d'affaires !
- C'est vrai qu'en tant que directeur commercial, tu assures. Mais tes collaborateurs, eux, ont du mal à progresser. Pourtant, c'est toi qui les as choisis...
- La génération actuelle n'a pas du tout la même motivation que nous. Je ne sais plus ce qu'il faut leur dire pour qu'ils prennent vraiment le taureau par les cornes. »

Nous ne reprendrons pas l'énumération faite en introduction. Notre propos ici est de montrer qu'en plus de toutes ces fonctions managériales, la représentation collective veut que le manager soit un spécialiste. L'illustration la plus flagrante est la façon dont ils sont recrutés. Lorsqu'on recrute un manager dans un domaine donné, un directeur d'usine dans le secteur de la mécanique par exemple, on cherche un candidat ayant fait la même chose ailleurs ; on le questionne succinctement sur ses capacités managériales mais à l'inverse on évalue de très près sa connaissance de l'activité. Ce faisant, on considère comme au moins aussi importante son expertise que ses hypothétiques compétences managériales.

Tout le monde admet ainsi facilement que le directeur financier doit tout connaître sur la finance, le DRH sur les ressources humaines, etc. Le manager se laisse souvent piéger par cette vision des choses. Inquiet de pouvoir bien contrôler ses collaborateurs, il veille à en savoir autant qu'eux sur leur domaine d'expertise. Préoccupé de pouvoir répondre à toutes les questions techniques de son propre hiérarchique, il s'oblige à tout maîtriser pour n'être pas « pris en défaut ». Mais le plus souvent, c'est son propre attrait pour la technique qui le conduit à s'y plonger, comme dans le dialogue cité plus haut. Il n'a pas choisi son domaine d'expertise par hasard mais par intérêt et souvent il s'y est montré très compétent. La compétence induit des résultats, sources de gratifications. En somme, l'expertise est associée au plaisir et constitue fréquemment un paravent qui masque les défaillances managériales.

Or, au cours de sa progression hiérarchique, le manager a une valeur ajoutée qui repose de plus en plus sur sa capacité à faire faire plutôt qu'à faire lui-même. Pour faire travailler ses équipes, ce n'est pas tant d'expertise technique que de compréhension approfondie de ce qu'elles font dont il est question. Comprendre n'est d'ailleurs pas un problème, la plupart du temps, pour des managers souvent très agiles intellectuellement. Toutefois, il est fréquent de voir une résistance de secteurs professionnels à l'arrivée de nouveaux managers prétextant leur exceptionnel niveau de technicité. Lorsqu'on arrive à aller au-delà de cette résistance, on s'aperçoit qu'en quelques mois les managers ont suffisamment compris les ressorts de l'activité, non pas pour faire eux-mêmes ce que font leurs collaborateurs, mais pour leur faire faire efficacement leur métier.

Renoncer à son expertise ou risquer de devenir contremaître

Paradoxalement, tous poussent les managers à rester des experts. Leurs dirigeants, avant tout, car cela les arrange d'avoir des managers capables d'apporter des réponses techniques lorsqu'ils le souhaitent. Avoir sous la main un spécialiste sans qu'il soit nécessaire d'aller chercher la réponse auprès de ses équipes est très sécurisant. Cela donne l'impression que le domaine est sous contrôle, ce qui est une perception essentielle pour les dirigeants. De leur côté, les collaborateurs attendent, lorsqu'un chef est nommé, qu'il soit plus compétent qu'eux. C'est ce qui leur permet de le considérer comme légitime. C'est après qu'ils déchantent, car son mode de management se fait en fonction de son expertise :

* Son organisation ? en entonnoir, dont le manager est lui-même le goulot. Il faut bien que tout passe par lui puisqu'il est le meilleur spécialiste du domaine.
* Son mode de travail en équipe ? autoritaire, car il sait qu'il a raison sur les sujets de son secteur d'activité et supporte mal la contradiction.

- Son mode de délégation ? limité et à condition d'avoir des collaborateurs qui suivent exactement ses procédures. Il n'est pas question de prendre des initiatives, les idées c'est plutôt lui qui les a !
- Son fonctionnement transversal ? restreint. Que chacun fasse bien son travail là où il est, que l'on diminue le nombre de réunions et tout ira mieux.
- Son accompagnement des collaborateurs ? très réduit. Il donne des instructions et contrôle. Il n'aime pas trop ceux qui émergent ou qui brillent : ils pourraient le menacer.

La caricature est certes grossière. Cependant, sans entrer dans tous ces travers, les managers qui sont eux-mêmes des experts se font piéger par leur rapport à l'expertise.

Faire soi-même

À quoi cela sert d'être expert si ce n'est pas pour exercer son expertise ? Et donc faire soi-même des rapports, des ventes, des campagnes, des préconisations, etc. Impossible de résister au plaisir et à la satisfaction de faire, ce qui assoit sa légitimité et renforce l'idée d'apporter une forte valeur ajoutée à l'entreprise. Lorsqu'on sait faire, il est toujours tentant de passer à l'acte avec le sentiment (parfois légitime) que ce sera mieux fait par soi. Au-delà même de la légitimité, cette attitude répond tout simplement au désir de vouloir être utile. Faire un rapport qui préconise une solution dans un domaine donné, procure l'impression d'être plus utile qu'en passant sa journée en réunion.

Le manager expert se fait vite prendre ensuite au piège de surseoir à ce que ses collaborateurs n'arrivent pas à faire ou simplement de les remplacer durant leurs absences.

C'est le modèle de manager bouche-trou. Étant garant des résultats, lorsque quelqu'un défaille dans l'équipe, il prend sur ses épaules le surplus.

Renoncer, c'est prendre un risque

- « Je n'en peux plus. La semaine dernière j'ai passé deux heures avec Gaëlle et Claire à essayer de les aider à gérer leur désaccord, et aujourd'hui j'apprends qu'elles ont recommencé à s'affronter au cours d'une réunion !
- Parce que tu espérais vraiment qu'en deux heures tu parviendrais à régler un conflit qui dure depuis des années ?
- Oui, pourquoi pas ? Je m'étais bien préparé, j'avais repris tout ce qu'on nous a appris en séminaire et j'ai fait comme il fallait.
- Ne te décourage pas, ton intervention n'a peut-être pas été complètement vaine.
- Peut-être. Mais en attendant, c'est mon travail qui a pris du retard. »

Il faut se mettre à la place de celui qui, étant bon dans son domaine, devient manager. Naturellement, il continue de faire ce pourquoi on l'a choisi. Tant qu'il reste dans son domaine d'expertise, il sait quelle valeur il apporte à l'entreprise. De plus, il peut construire une relation réciproque sur une base de rapport de force rassurant sur ses propres atouts. Tant que l'entreprise a besoin de son expertise, elle a besoin de lui. Renoncer à son expertise, c'est prendre le risque de ne plus apporter cette valeur ajoutée. Si en plus il la transmet à ses collaborateurs, il prépare lui-même son plan de remplacement. Tout cela pour s'engager dans d'autres compétences plus floues puisqu'elles ont trait à l'humain. Passer du technique à l'humain, du maîtrisé à l'approximatif, des procédures aux comportements, du spécifique au général : il y a de quoi en décourager plus d'un ! D'autant que les compétences managériales ne s'acquièrent pas en un jour. Avant de les maîtriser, nombreux seront les faux pas, les erreurs, les maladresses.

Le manager « monsieur plus »

Le développement des managers ne se fait pas comme un choix mais comme un ajout. Vous êtes comptable et vous devez chef comptable, donc on vous apprend la délégation, la conduite de réunions et la conduite d'entretiens annuels. Le message sous-jacent est clair : continuez comme avant mais maîtrisez les outils du management.

L'entreprise ne présente jamais le passage d'expert à manager comme une rupture mais comme une continuité. Cette continuité, que beaucoup de managers s'approprient, est évidemment largement à l'origine de leur surcharge. Notons que lorsqu'ils ont la double activité, les managers privilégient toujours leur rôle d'expert à celui de manager. Dans un cas, il est visible que le résultat vient d'eux, dans l'autre le résultat pourrait être attribué plus au travail des collaborateurs qu'à leur rôle de managers.

Clarifier son rôle et l'annoncer

On le voit, il est difficile de faire le choix managérial sans rester expert. Mais ne pas le faire condamne à la surcharge en cumulant la charge de celui qui fait et la fonction de celui qui fait faire. En réalité, les experts sont rarement de bons managers et sont condamnés à courir en permanence après le temps.

Pour sortir de ce piège, il importe d'abord que le manager en soit conscient. Il est nécessaire qu'il sache que sa valeur ajoutée en tant que manager sera d'obtenir le meilleur de ses équipes et non pas leur montrer qu'il est meilleur qu'elles.

Ce choix délibéré doit être annoncé à la fois à ses propres équipes et à sa propre hiérarchie qui ne devra plus s'étonner que la réponse technique ne soit pas fournie du tac au tac. Cela suppose aussi d'être explicite auprès des uns et des autres sur la valeur ajoutée apportée en tant que manager. Pour que le manager remplisse son rôle, il est nécessaire qu'il existe des critères de performance de ce rôle qui ne se limitent pas à l'atteinte d'objectifs chiffrés.

Sortir de son jeu de prestance

- « Je ne comprends pas pourquoi tu me demandes de faire le séminaire de délégation.
- J'ai pensé que cela pouvait t'être utile, surtout depuis que tu as étendu ton périmètre.
- Dis tout de suite que je ne sais pas déléguer, alors que cela fait tout de même cinq ans que je suis manager.
- Non, mais on peut toujours s'améliorer. Tu trouveras peut-être des trucs qui te serviront. François l'a fait et il en est très content. »

L'explicitation de la valeur ajoutée ouvre sur le développement. Les managers sont pris dans un jeu de prestance qui les conduit à faire comme s'ils n'avaient pas besoin de se développer. Il faut les comprendre, souvent cela fait des années qu'ils sont managers et qu'ils sont censés avoir les compétences que suppose ce rôle. C'est donc plus facile pour eux de faire semblant de savoir que d'avouer qu'ils ont des besoins. Or, c'est justement parce qu'ils se développent bien peu sur leurs compétences comportementales que lorsqu'ils consacrent du temps au management, ils ont l'impression d'en dépenser beaucoup pour peu de résultats.

Renoncer à être au courant de tout

Un autre piège à surcharge est la perception que l'on doit tout savoir et que l'on doit pouvoir réagir en temps réel à tout. L'effet de dépendance aux outils de travail électroniques de poche commence à être décrit. Plusieurs études ont révélé qu'elle avait toutes les caractéristiques de l'addiction et on voit apparaître des procès aux États-Unis mettant en cause les employeurs qui, à travers ces outils, auraient détérioré la vie personnelle de leurs collaborateurs. Tout semble pousser le manager à réagir vite : d'abord sa propre curiosité, son envie de savoir ce qui se passe, mais aussi son souhait de se montrer réactif et enfin son inquiétude de savoir que les messages vont s'accumuler. Face à la surdose d'informations qui lui arrivent en flux continu, il lui est très difficile de hiérarchiser. Il est frappant de voir que ceux qui s'en plaignent le plus sont aussi souvent ceux qui n'arrivent pas à s'empêcher de répondre au signal de leur machine les alertant d'un nouveau message. Ici encore, comme pour l'expertise, le cheminement est d'abord personnel. Tout d'abord, il s'agit d'accepter que l'on puisse ne pas être joignable en permanence. Puis il est utile de choisir les moments où l'on traite l'information afin de ne pas faire comme si tout était urgent. Enfin, il est indispensable d'annoncer à son entourage que l'on n'est pas réactif en permanence et de réguler avec ses collaborateurs le type d'informations qu'ils doivent transmettre.

C'est donc bien dans leur tête que les managers doivent, auparavant mettre de l'ordre pour être moins surchargés. Il est vrai que beaucoup d'entreprises, depuis des années, transmettent un message souvent implicite mais très appuyé selon lequel un manager doit savoir faire mieux que ses collaborateurs, est responsable en temps réel de ce qui se passe, doit être au courant de tout, etc. Autant de représentations que nombreux d'entre eux se sont appropriées et qui alimentent à leur insu leur état émotionnel et induisent des comportements à l'origine de leur débordement.

Nous voyons d'ici le lecteur manager s'agacer de ce propos qui le renvoie à lui-même alors qu'il sent en permanence la pression peser sur lui. « On voit bien que vous ne savez pas comment cela se passe chez nous... » Continuons donc à explorer ce qui pourrait le soulager.

Chapitre 9

Le management est un métier qui s'invente tous les jours

La fausse facilité de la reproduction

- « Tiens, tu devrais lire ça.
- Qu'est-ce que c'est ?
- C'est une méthode pour réduire les coûts de fonctionnement.
- Et ça marche ?
- Oui, ils assurent que si on applique exactement la méthode, en six mois, quel que soit le secteur d'activité, on réduit de 25 % ses coûts.
- Ça ne peut pas marcher à chaque fois !
- Si, si. Le livre a été écrit par une équipe d'Harvard, c'est forcément du sérieux... »

Les hommes et les femmes d'entreprises sont des pragmatiques : rien ne sert d'inventer, mieux vaut reproduire ce qui a marché ailleurs. Ils sont donc en permanence à la recherche de modèles, de techniques, de définitions susceptibles de leur donner des points de repère et sur lesquels ils pourront s'appuyer pour faire fonctionner au mieux leur entreprise. Dès que quelque chose de nouveau leur est présenté, leur réflexe est de poser la question : « Est-ce que ça a déjà été fait ailleurs ? Quels sont les résultats ? » Très rares sont ceux qui acceptent de prendre des risques, d'innover dans le domaine managérial (au contraire de l'innovation technique, très valorisée et considérée comme indispensable). Les consultants le savent et vendent une mission en référence à une autre, de façon à rassurer le dirigeant client. Il en est de même pour les best-sellers de la littérature managériale qui décrivent un modèle idéal, donnent des exemples sur son application parmi les grandes réussites d'entreprises de ces dernières années et s'appuient sur des dirigeants starisés par les médias pour témoigner à quel point cela marche.

Suivre les modes ?

C'est rassurant de se dire que l'on n'a qu'à suivre un modèle, qu'il suffit de bien le comprendre puis de le reproduire. Tout le monde trouve son intérêt à laisser entendre qu'il est possible de procéder de la sorte : les grands dirigeants qui commencent à l'âge de la retraite une nouvelle carrière d'essayiste et de conférencier ; les consultants qui, dès lors qu'ils ont une méthode, peuvent la vendre à tous leurs clients potentiels ; les managers qui y trouvent une inspiration facile pour leur pratique quotidienne. Ces modèles sont d'ailleurs truffés d'idées de bon sens.

Les difficultés surviennent avec les spécificités de la réalité quotidienne et les surprises qu'elles apportent. Souvent les bonnes résolutions et les idées innovantes piochées de-ci de-là fondent comme neige au soleil lorsqu'il s'agit de faire face aux urgences et aux exigences de la réalité de l'activité.

De plus, tous ces protagonistes ont bien conscience que rien ne se démode plus vite qu'un modèle de management ou d'organisation. Personne ne ferait décemment référence à un modèle de plus de dix ans sans risquer d'être taxé de passéiste. La course en avant dans ce domaine tourne parfois à la caricature avec son lot de nouveaux termes qui accompagnent chaque mode.

À l'inverse, les déçus des formations et autres séminaires se sont convaincus que seuls marchent le pragmatisme de terrain, un solide bon sens et une dose d'expérience. Ils agissent selon les circonstances, peut-être devrions-nous dire qu'ils « réagissent ». Nous verrons plus loin les limites de ce fonctionnement.

Pour éviter cet écueil de la mode managériale, la plupart des cabinets ont transformé le management en une accu-mulation d'outils, de savoir-faire qu'il s'agit d'agréger pour être le parfait petit manager. Nous avons montré dans *Le Manager durable*[1] les conséquences de cette approche du management : défaut d'adaptation à la diversité des situa-tions rencontrées, arrêt du développement des managers après qu'ils eurent fait différents stages. Ce n'est pas pour autant que des compétences de base ne sont pas utiles. Il est évident qu'acquérir de l'aisance et avoir des automatis-mes est indispensable pour gagner du temps.

Les limites de la méthode expérimentale

La plupart des managers n'ont pas de modèle d'efficacité mais ils ont une expérience de l'efficacité. Ils se sont constitué au cours de leur carrière des critères plus ou moins implicites de « ce qui marche et ce qui ne marche

1. Éric Albert, *Le Manager durable*, Éditions d'Organisation, 2005.

pas ». Ils se basent sur ces critères pour faire des choix. L'intérêt de cette méthode, c'est son côté pragmatique et concret. Les dirigeants la formulent volontiers lors de conférences devant des étudiants en quête de leur « secret de manager qui réussit ». Son contenu est parfois décevant et difficile à généraliser. En fait, la véritable limite de la méthode expérimentale est qu'elle repose sur la reproduction et très peu sur une réflexion nouvelle à partir des spécificités du contexte. Bien souvent le conférencier délivre l'origine de sa « méthode » : une expérience initiale ou la leçon d'un ancien qui l'a marqué jeune et qu'il a gardée comme ligne directrice tout au long de sa carrière et qu'il a enrichie de ses expériences successives.

Ce qui manque le plus, c'est un cadre de réflexion pour s'interroger par le recours à une méthode sur les spécificités de la situation. Généralement, intelligent et intuitif, le manager capte les gros enjeux. Mais son impatience à trouver une solution rapide le conduit, la plupart du temps, à chercher à reproduire ce qui l'a fait réussir antérieurement.

Au-delà de son expérience, le manager doit disposer d'un modèle d'efficacité qui lui permette de dépasser le stade de la réaction pour donner des lignes directrices à son action. Sinon, comment éviter de courir après le temps et donner une cohérence à son action ?

Manager est l'art de l'adaptation

– « Lorsque j'étais chez Mc BEG, on commençait toujours par faire des réunions avec les collaborateurs. Ils pouvaient donner leur avis, et le projet de changement passait ensuite mieux.
– Oui mais cette fois-ci, il va falloir aller très vite et on sait exactement quel changement apporter.

– Fais-moi confiance. J'ai mené de nombreuses conduites du changement quand j'étais consultant : il suffit d'appliquer la méthode et ça marche... »

L'expérience managériale montre que si en reproduisant on obtient les mêmes résultats, vient toujours un moment où le même procédé ou le même comportement appliqué à des situations différentes ne fonctionne plus comme attendu. L'un des exercices que nous proposons lors de nos séminaires de développement est de ré-analyser un échec et un succès à la lumière des comportements des collaborateurs et du manager. Parfois le comportement du manager était le même. Par exemple dans les deux cas le manager s'est beaucoup impliqué et a pris le problème en main avec dans un cas comme conséquence de créer un effet d'entraînement et dans l'autre au contraire une absence d'implication des collaborateurs. La première fois, les collaborateurs ont eu l'impression que le manager s'impliquait sur un sujet difficile sur lequel tout le monde hésitait à avancer. La seconde, il s'agissait d'un domaine sur lequel ils avaient des idées et souhaitaient les exprimer ; mais avec un manager qui occupait trop le terrain, ils n'ont pas su ou pas pu les exprimer.

L'explication de ce paradoxe apparent est simple. L'objet du management, ce sont les hommes et les femmes de l'entreprise, ou plus précisément ce que l'on attend d'eux dans les circonstances particulières du contexte actuel de l'entreprise. Or, chacun peut constater à quel point ce contexte varie de plus en plus vite. En outre, les mentalités des collaborateurs évoluent aussi en fonction à la fois des évolutions de société (réduction du temps de travail), des expériences, de l'âge, du contexte de vie personnelle, etc. Enfin, certains sujets peuvent susciter de l'enthousiasme, alors que d'autres ne provoquent que du scepticisme, voire de la méfiance.

111

Le manager a pour fonction de faire en sorte que l'équation entre toutes ces particularités, celles de l'entreprise d'une part, celles de ses collaborateurs d'autre part, fonctionne pour produire de l'efficacité. Et pas n'importe quelle efficacité : une efficacité meilleure que celle des concurrents.

Un changement récent

Cette nécessité d'adaptation est récente dans l'histoire des entreprises. Il y a quelques années, beaucoup d'entre elles fonctionnaient encore sur le modèle taylorien : chacun fait ce qu'on lui dit de faire et si chacun le fait bien, l'entreprise sera performante. Dans ce modèle, où les collaborateurs sont instrumentalisés, l'innovation n'est pas au cœur de l'efficacité. Il vaut mieux reproduire ce qui a été fait ailleurs ou ce qui a déjà prouvé son efficacité. Les questions de comportements des collaborateurs sont beaucoup moins présentes dans la mesure où tout ce qu'ils font est codifié et où on leur demande de ne pas réfléchir mais d'exécuter. Le contexte géoéconomique et les spécificités propres à l'évolution des entreprises ont rendu cette pratique obsolète ; de nouvelles puissances économiques ont émergé dans lesquelles on trouve une main-d'œuvre qui fait ce qu'on lui demande, bien et moins cher. Le modèle taylorien s'y applique à merveille, à moindre coût. Aujourd'hui, il est probable qu'une entreprise d'un pays développé qui continuerait à fonctionner sur un modèle taylorien prendrait le risque de se voir délocalisée. Les évolutions des entreprises les ont conduites pour la plupart à attendre de leurs collaborateurs une contribution intelligente de chacun. C'est l'intelligence de chacun et les interfaces entre les individus qui créent de la valeur. Mais pour que les intelligences s'expriment et que l'information circule de façon efficace, les comportements sont essentiels.

Si cette prise de conscience est largement répandue, avec comme conséquence des organisations matricielles qui favorisent la circulation de l'information et l'expression, pour autant, comme nous l'avons montré dans *N'obéissez plus !*, les pratiques de management ont du mal à suivre pour en tenir compte.

Beaucoup de managers qui ont eu de bonnes expériences au début de leur carrière sur des organisations tayloriennes peinent à prendre la mesure du changement qui s'est opéré dans les entreprises et les conséquences que cela suppose en termes de mode de management.

Lorsqu'inventer devient moins lourd que reproduire

Reproduire un modèle qui ne pourra s'adapter que très partiellement ne fait gagner du temps qu'au début. Le risque est de faire l'économie de la phase de réflexion. Inutile de trop se questionner, il n'y a qu'à reproduire ce qui marche ailleurs, prendre modèle sur une entreprise qui a très bien réussi et faire de même. C'est d'ailleurs devenu une théorie en stratégie : celui qui ouvre un marché se le fait souvent souffler par le deuxième qui n'a pas eu à défricher. Notons que les grandes réussites concernent souvent les entreprises qui ont su aller à contre-courant pour suivre leur propre voie. De façon générale, le temps de la réflexion qui précède l'action est souvent considéré comme une façon de tergiverser, façon inutile et improductive. « Centrez-vous sur l'action », aiment à répéter les managers à leurs collaborateurs.

Cependant, la vraie limite à l'application d'un modèle vient d'ailleurs. Un modèle managérial prend forme par les outils sur lesquels il repose. L'usage des outils est sou-

113

vent très chronophage. Or il arrive que l'outil puisse être déconnecté de sa réelle finalité pour devenir la finalité en lui-même.

Redonner leur sens aux outils de management

Prenons l'exemple de l'entretien annuel, parfois appelé d'évaluation et plus souvent de performance. Tout le monde ne peut qu'adhérer à l'idée qu'une fois par an faire un point avec son manager direct, pour évaluer sa propre performance de collaborateur, fixer des objectifs pour l'année prochaine et des axes de progrès, est à la base de tout acte managérial. Sa finalité est multiple. Il vise d'une part à évaluer la performance à partir d'objectifs assortis de critères d'atteinte, d'autre part à identifier les pistes de progrès pour un collaborateur en lui donnant envie de les suivre, et enfin à l'impliquer en le rendant plus responsable à travers un échange ouvert, structuré et concret au cours duquel il peut donner son avis.

Pour les ressources humaines qui sont les garantes de son déroulement, l'entretien annuel devient une finalité en soi. Elles mesurent le succès de leur action à la proportion de managers qui font l'entretien. Certains DRH annoncent ainsi avec fierté que plus de 90 % des entretiens sont remplis par les managers. Toute la question est de savoir comment ils sont faits et à quoi ils servent réellement. On est parfois surpris par le résultat. Le manager en accord ou pas avec son collaborateur remplit un document de façon purement formelle pour être dans les règles fixées par l'entreprise. Le résultat est pire que s'il n'y en avait pas. Il accrédite l'idée que l'acte managérial n'est fait que pour répondre aux attentes des fonctionnels. On fait preuve de discipline en dénaturant l'acte de sa finalité.

Cela ne veut pas dire pour autant que ce qu'on appelle communément les « outils de management » doivent être systématiquement rejetés. Ils doivent surtout être mis en perspective par rapport à leur finalité. Finalité qui trouve sa place dans la mise en lien avec les enjeux stratégiques de l'entreprise. C'est pourquoi le travail de réflexion en amont, qui consiste à construire son propre modèle en y intégrant éventuellement tel ou tel « outil », est toujours plus efficace à terme. Il garantit de ne plus faire les choses pour les faire mais de les faire dans une finalité reconnue, spécifique à l'entreprise au sein de laquelle elles prennent sens.

Attention : inventer ne consiste pas à élaborer de nouveaux modèles, il s'agit simplement d'oser réfléchir aux spécificités de son équipe, aux enjeux qu'elle a à relever et à son propre rôle pour mettre en adéquation ces différents paramètres. Il faut d'abord du bon sens, ensuite de la prise de recul, enfin un minimum de confiance en soi pour se dire que l'on peut trouver des solutions sans nécessairement avoir besoin de les copier.

Chapitre 10

La cohérence stratégique interne pour en faire moins

Émettons deux hypothèses. Dans la première, l'entreprise n'a pas mis en place de CSI ; nous allons voir comment le manager peut prendre sa propre marge de manœuvre pour monter son projet de cohérence. Dans la seconde hypothèse, l'entreprise a élaboré une CSI, son déploiement met le manager au centre d'une étape de partage et de réflexion avec ses équipes. C'est l'occasion d'offrir la possibilité de :

- faire le lien entre l'acte managérial et les objectifs de l'entreprise ;
- limiter le rôle des managers ;
- recentrer le manager sur les effets attendus vis-à-vis de son équipe ;
- annoncer clairement ce à quoi on renonce ;
- développer les compétences comportementales ciblées pour gagner du temps.

Construire sa propre cohérence

Nous imaginons la déconvenue du lecteur manager qui, à mesure de son avancée, se convainc de l'utilité de la CSI mais se trouve dans une entreprise qui n'en a pas et avec des dirigeants qu'il sent d'avance rétifs à la démarche. Qu'il se rassure ! Nous allons dans les lignes qui suivent lui montrer comment il peut s'inspirer de la démarche pour sa propre entité, même si l'entreprise ne l'a pas adoptée.

Chaque manager d'entité peut, en effet, s'inspirer de la démarche CSI en réajustant les questions. Commençons par la stratégie qui constitue la boussole de la démarche. Bien souvent, au niveau d'une entité, le terme est inapproprié. En revanche, chaque entité a des objectifs qu'elle peut ajuster en fonction de ceux à trois ans de l'entreprise et de sa stratégie. Ensuite le manager doit s'interroger sur les progrès collectifs que ses équipes et lui-même doivent accomplir pour remplir ses objectifs : dans leur façon de travailler ensemble et de faire fonctionner l'organisation, sur quoi prioritairement des changements doivent être mis en œuvre dans la perspective d'atteindre les objectifs ? Puis la réflexion doit être axée sur les comportements de l'ensemble des collaborateurs de l'entité. Comme dans la CSI, il est utile d'en définir trois sur lesquels chacun doit faire porter ses efforts. Ces comportements doivent être en lien avec les objectifs de fonctionnement collectif. Enfin, en ce qui concerne les rôles des managers, ici encore l'enjeu est de les limiter à ce qui est indispensable pour atteindre les objectifs.

Ce travail de réflexion peut être mené par le manager mais il gagne à être partagé avec ses principaux collaborateurs qui porteront le projet par la suite.

La force de l'exemplarité

Il nous est arrivé, à plusieurs reprises, d'avoir la bonne surprise de constater qu'un projet de ce type mis en place par un manager dans un groupe, servait ensuite de référence pour le reste du groupe. La DRH et les dirigeants, troublés par l'effet d'entraînement du projet, positionnent celui qui en a été le porteur comme une référence et s'approprient la méthode pour la diffuser de façon plus large.

Le management est un domaine où les initiatives sont rares et encore plus celles qui portent leurs fruits. Dès lors, en apportant cohérence et simplicité aux collaborateurs tout en restant focalisés sur les objectifs d'efficacité, les managers redonnent du souffle à leur entité et retiennent l'attention de leur entourage.

En somme, être dans une entreprise où les dirigeants se montrent sceptiques vis-à-vis de la CSI ou ne la mettent pas en œuvre peut être une opportunité. Aux managers de montrer la voie à leurs dirigeants.

Axer le management par rapport à des effets attendus

La CSI fixe un cadre partagé par toute l'entreprise. Pour autant ce cadre n'est pas un référentiel universel. C'est une vision pragmatique transmise par les dirigeants pour les prochaines années. Ce cadre, par définition, limite déjà considérablement le rôle des managers. Mais surtout, le déploiement de la CSI suppose que chaque manager et son équipe s'interrogent sur la manière de l'appliquer dans leur propre contexte. Cet exercice de prise de recul conduit à nouveau à hiérarchiser et donc à renoncer à ce qui n'est pas essentiel. Au cours de cet exercice le manager raisonne son acte managérial non plus par rapport à un référentiel (il faut écouter les collaborateurs, comment les écouter mieux ?) mais par rapport à des effets attendus.

Notre enjeu de progrès collectif est d'être plus réactifs aux demandes qui sont faites. Pour cela, les collaborateurs doivent prendre plus d'initiatives et de responsabilités. Mon mode de management doit être plus délégant et plus accompagnant.

Cette appropriation de la démarche, qui permet de réajuster au cas particulier le cadre général de l'entreprise, est non seulement porteur de sens mais réduit considérablement les attentes que l'on peut avoir de chaque manager. Les managers se sentent plus responsables de leurs actes managériaux. Ils annoncent à leur hiérarchie ce qu'ils en attendent comme effet sur leurs collaborateurs et n'ont donc pas de doute sur leur utilité. S'il leur manque des compétences, ils sont plus enclins à solliciter des formations pour se développer.

Expliciter le lien entre le management et l'atteinte des objectifs

- « J'ai l'impression de n'avoir rien fait aujourd'hui.
- Pourtant, je suis passé devant ton bureau au moins cinq fois et tu étais toujours avec quelqu'un.
- Oui, j'ai eu beaucoup de réunions. Mais ce n'est pas ça qui nous fera atteindre les objectifs qu'on s'est fixés.
- En somme, quand tu vois tes collaborateurs, tu perds ton temps.
- Ce n'est pas ça mais j'ai l'impression de ne pas avancer. »

Ce sentiment de perdre son temps à manager est très répandu : le travail, c'est ce qui se voit et qui est directement utile à l'entreprise. Les effets indirects du management restent sous-estimés. C'est pourquoi l'approche du management que nous proposons permet à chacun de se réapproprier l'acte managérial en lien direct avec les résultats attendus sur le plan de l'activité. Il limite les actions managériales à quelques priorités et permet aux managers de voir précisément sur quoi ils doivent se développer pour atteindre leurs objectifs.

Insistons sur la nécessité de ne pas seulement réfléchir à ses priorités et d'en décider, mais de les faire partager par ses principaux interlocuteurs, c'est-à-dire aussi bien les pairs que les collaborateurs et sa propre hiérarchie. Car dans la vie quotidienne du manager, c'est lorsqu'il a à faire face aux demandes que les choses se compliquent. Pour résister, il faudra qu'il ait bien clarifié au préalable le champ de ses actions prioritaires en lien avec l'activité. Si le travail de déploiement de la CSI a été bien mené, cette question des priorités aura été discutée entre pairs, ainsi que leurs interactions. Pour autant, nous savons bien qu'ensuite les pressions se multiplient et se répercutent dans les interfaces relationnelles à tous les niveaux.

Mettre les fonctions sous contrainte

Reste qu'une partie de l'activité managériale est, en fait, une contribution au fonctionnement de l'entreprise. Dans les grands groupes particulièrement, les managers se plaignent de la quantité de travail liée aux tâches qui leur paraissent plus administratives ou transversales que managériales ou productives. Citons en exemple le reporting, les tâches liées aux obligations juridiques, l'appropriation de changements globaux sans aucune valeur ajoutée pour leur structure, etc. Toutes ces tâches sont nécessaires au niveau du groupe, elles sont imposées par les fonctions dont c'est le métier de consolider dans leur domaine les apports ou les usages de chaque entité.

Comme souvent, tout part du haut. Prenons un exemple. Au plus haut niveau de la hiérarchie, il est décidé qu'un même système d'information remplacera les trois existants. Ce qui est une décision de bon sens qui devrait à la fois simplifier la vie de tout le monde et réduire les coûts de maintenance. La direction des systèmes d'information établit un coût et un plan de déploiement du projet. Mais jamais elle n'évalue précisément le temps que cela prendra à chaque manager de mettre en place ce nouveau système. Si l'on multiplie les projets par le nombre de fonctions, chacune ayant des propositions concrètes qui peuvent paraître prioritaires pour un meilleur fonctionnement du groupe, on sursollicite les managers en dehors de leurs objectifs propres.

Lors de leur prise de décision de lancer tel ou tel projet proposé par un service fonctionnel, les dirigeants ignorent le temps que chaque manager devra y consacrer. Ils prennent donc leur décision principalement sur des considérations financières. Du coup, ce sont les projets à faible coût financier qui sont naturellement privilégiés par les dirigeants. Or, ce sont souvent les plus consommateurs de temps pour ceux qui sont en charge de les mettre en œuvre : les managers.

Pour sortir de ce risque majeur, il est indispensable d'exiger des fonctionnels qu'ils intègrent dans leurs projets un coût : celui du temps pris au manager de terrain. Il faut ensuite que les dirigeants fixent une limite au temps de contribution des managers de terrain à la mise en œuvre de projets groupe. Ici encore, les dirigeants devront davantage prioriser et pas seulement sur des considérations financières. Chaque changement suppose qu'ils se mettent à la place de leurs managers pour s'interroger sur ce qui va être modifié dans leur vie quotidienne et pendant combien de temps. Après le déploiement des projets, il est important de vérifier que les hypothèses faites par les fonctionnels sur le temps pris aux managers sont conformes à ce qu'ils devront réellement consacrer au projet.

Considérer les managers comme des employés à temps partiel

Il nous semble que la contribution des managers au fonctionnement du groupe, c'est-à-dire le temps qui leur est demandé en dehors de celui qu'ils consacrent à l'atteinte de leurs objectifs ou de leur formation, ne devrait pas dépasser 20 %. Ce qui signifie qu'ils ne sont en réalité disponibles qu'aux quatre cinquièmes de leur temps pour atteindre leurs objectifs et jouer leur rôle de manager. Au moment de la fixation des objectifs, il est bon d'en tenir compte.

Les dirigeants ont pris l'habitude d'une vision du temps extensible. La vie économique est faite d'événements qui poussent l'entreprise à se réorienter, à revoir ses choix stratégiques ou simplement tactiques. Bien souvent, c'est simplement un nouveau sujet qui arrive parce que le cadre juridique, comptable ou international a été modifié par les autorités de tutelle. La plupart du temps, le réflexe des dirigeants est d'annoncer : « On n'a pas le choix, il faut le faire en plus. » Et, généralement, les faits leur donnent raison : ça passe ! Implicitement, c'est comme si on considérait que l'élastique du temps et de la charge de travail était extensible à l'infini. On sait que ce n'est pas vrai mais on tire sur la corde jusqu'au moment où les plaintes des acteurs sont à un niveau tel qu'on se dit qu'il faut « faire quelque chose ». Un dirigeant nous disait qu'il gère ainsi son exercice budgétaire : il réduit l'enveloppe de chacune de ses directions jusqu'au moment où les intéressés crient trop fort.

Leur perception du temps de leurs collaborateurs est approximative, ils se placent dans la position de pousser toujours un peu plus loin le bouchon. Souvent les managers, dans le souhait de bien faire, absorbent le surplus sur leur temps personnel. Si agir comme cela donne une impression d'efficacité (on se dit qu'on peut tout faire ou du moins qu'on obtient le maximum), en réalité c'est une façon de ne pas décider ce qui ne sera pas fait ou ce qui sera mal fait. Presque toujours c'est le temps managérial qui est sacrifié : celui dont on ne voit pas les effets immédiats.

Ce fonctionnement implicite est piégeant pour les managers qui perdent leur équilibre de vie pour tout investir dans le travail mais aussi pour les dirigeants qui, même s'ils sont de bonne foi, ne savent pas très bien où se situe la limite à ne pas dépasser. Rappelons que l'équilibre de vie est l'une des conditions à notre efficacité durable et que, dans leur grande sagesse, les générations qui arrivent y sont beaucoup plus attentives que les précédentes. Si les dirigeants de l'entreprise n'y sont pas vigilants, les bons éléments quittent l'entreprise et les autres jouent un jeu de dupe prétextant en permanence leur débordement pour justifier la non-atteinte des résultats.

Il importe que les dirigeants aient une idée plus précise du temps passé par leurs collaborateurs aux différentes tâches qu'ils ont à exécuter. Cela suppose qu'ils entrent dans une compréhension détaillée de la manière dont se déroule le travail et qu'ils assurent un suivi qui va bien au-delà des instructions et des fixations d'objectifs.

Lorsque les priorités changent...

Il arrive rarement dans la vie d'une entreprise que les objectifs fixés en début d'année soient ceux réellement atteints en fin d'année. Les événements obligent à agir autrement que ce qui avait été prévu. Agir vite est l'obsession, à juste titre, de tout dirigeant car c'est l'une des clés de sa compétitivité. Mais elle ne doit pas pour autant faire oublier l'étape de prise de recul. Celle-ci devrait conduire les dirigeants non pas à ajouter mais à hiérarchiser à nouveau et ainsi à décider de ce à quoi on renonce. La question de fond ici encore est celle de la répartition du temps des managers : il faut veiller à ce qu'ils gardent de la disponibilité pour manager leurs équipes.

Se développer pour gagner du temps

- « Cette formation groupe a été très intéressante. Yves Coppens est venu faire une conférence passionnante puis nous avons dîné avec le président. En fait, il est beaucoup moins coincé qu'on pourrait le croire !
- Je suis content que tu te sois bien amusé parce qu'ici ça a été le rush permanent.
- J'ai vu passer les e-mails, ils nous avaient laissé des "pauses Blackberry".
- Donc tu as dû voir qu'on avait un problème avec... »

La formation des managers doit d'abord leur plaire. Puis elle doit correspondre au référentiel managérial établi par les ressources humaines selon un modèle idéal tel que nous l'avons décrit plus haut.

L'orientation vers la formation peut se faire de différentes façons. Soit on détecte chez un manager des difficultés dans un domaine donné et on l'envoie suivre une formation, soit c'est le manager lui-même qui, sur le catalogue de son entreprise, trouve une formation attrayante et s'y inscrit. Il est possible aussi que le manager, sans qu'on ne lui demande rien ou que l'on ait fait un diagnostic, suive un séminaire piloté en central par l'entreprise qui a décidé qu'il était obligatoire. La situation s'aggrave pour les managers confirmés. Plus ils montent dans la hiérarchie, plus on considère qu'ils n'ont plus rien à apprendre, ou plus exactement moins on n'ose leur dire qu'ils ont encore des choses à apprendre en dépit des importantes responsabilités qu'ils assument aujourd'hui. Mais comme il est admis qu'il faut se développer, on leur propose des séminaires généralistes qui renforcent leur culture générale, leur vision de leur environnement mais qui ne leur parlent surtout pas de leur mode de management, et ne les aident en rien à gagner du temps.

S'il est évident que la formation prend du temps au manager, malheureusement, elle lui en fait rarement gagner par la suite. Car il est bien rare que cette formation corresponde exactement à ce dont il a besoin pour produire un effet précis sur ses collaborateurs. Prenons l'exemple de l'écoute. Ces dernières années le discours managérial a beaucoup insisté sur son importance. C'est devenu un critère d'évaluation des managers sans qu'on se demande dans quel but. L'un des effets de cette préconisation que s'est appropriée la plupart des managers est d'avoir des réunions de plus en plus longues : il faut laisser les collaborateurs s'exprimer. Pour la même raison, les entretiens individuels durent plus longtemps. Le manager prend son mal en patience et laisse son collaborateur s'exprimer et parfois se « déverser » en essayant, dans le meilleur des cas, de masquer au mieux son impatience.

En réalité, l'enjeu de l'écoute est de comprendre ses collaborateurs et de leur montrer qu'on les a compris. Cela correspond à une compétence comportementale qui suppose de savoir observer, de savoir questionner et reformuler mais aussi, et peut-être surtout, de savoir cadrer les propos de son interlocuteur. Il ne s'agit donc pas d'apprendre à écouter mais à comprendre et surtout d'apprendre à mettre en évidence ce qu'on a compris pour montrer qu'on en tient compte. Il ne s'agit plus de formation mais de développement des compétences comportementales[1].

Reprenons la différence entre la formation et le développement : la première repose principalement sur la transmission de techniques alors que le second part du contexte du manager pour qu'il identifie ce qu'il souhaite obtenir. À partir de son propre diagnostic il peut alors choisir de modifier un comportement. Le développement lui donne les moyens de mettre en œuvre ce changement.

Le changement comportemental du manager doit correspondre de façon précise à un effet attendu sur les collaborateurs. En contextualisant le développement du manager par rapport, d'une part, aux spécificités de son entité (objectifs, enjeux de progrès collectifs et comportements de ses collaborateurs) et, d'autre part, aux spécificités de l'individu manager pour les mettre en lien, on lui garantit un effet sur son efficacité et donc sur la gestion de son temps.

Le développement qui s'inscrit dans la CSI revendique une vision utilitariste. Il s'agit de trouver une utilité immédiate dans la mise en œuvre des comportements traduits en plans d'action indispensables aux enjeux stratégiques de l'entreprise. Le manager doit y trouver un bénéfice conforme aux priorités qui lui ont été fixées.

Nous n'avons pas eu l'ambition de régler définitivement l'éternel problème du temps dans la vie des managers. Il nous semble que pour les aider à gérer leur débordement permanent, il leur faut commencer par entrer réellement dans leur rôle de manager et donc renoncer à celui

---

1. Cf. du même auteur *Le Manager durable*, Éditions d'Organisation, 2005.

d'expert. Il est fondamental ensuite qu'ils ne se laissent pas porter par les modes ou les diktats sur le management pour inventer leur propre pratique en gardant en permanence à l'esprit la finalité de ce qu'ils font et utiliser les ressources qui leur sont données pour se développer dans ce sens. Enfin leurs dirigeants, en jouant leur rôle de garants de la cohérence, doivent limiter leurs demandes à leur égard.

Conclusion

Le risque principal, dans la période que nous vivons, serait de croire que ce qui a marché au cours des années précédentes peut être reproduit avec le même succès. Le « plus avec moins », qui demeure un objectif de productivité, a trouvé sa limite sur le plan des hommes.

L'effet conjugué de la rapidité de l'évolution de l'environnement mondialisé et la complexité des sujets traités par l'entreprise impose une bien plus grande exigence de cohérence interne. Plus que jamais, les collaborateurs ont besoin de comprendre les finalités de ce qu'ils font et parfois défont. Il n'en va pas seulement de leur confort personnel mais de l'efficacité globale. Donc de l'essentiel dans la vie économique. Les managers, par définition au cœur de l'entreprise, sont chargés de gérer les contradictions, de trouver des solutions, dans un cadre où la charge s'accroît et la marge de manœuvre diminue, enfermée dans une inflation de règles et de contraintes.

Pour faire face à cette complexité croissante, les dirigeants, dans le meilleur des cas, font des efforts pour dégager des priorités et simplifier… leur stratégie. C'est une affaire sérieuse : il s'agit de l'expliquer aux analystes et de les convaincre ! Pour le reste, ils s'en remettent aux managers.

Si les managers ont pour charge de mettre en musique la partition, encore faut-il qu'ils puissent la lire. Au-delà des objectifs à atteindre, il est indispensable de mettre en cohérence l'ensemble du système. Cette nouvelle façon de mener l'entreprise doit se construire autour d'un modèle qui lui est propre. Ce modèle clarifie où et comment les dirigeants veulent conduire l'entreprise. Il définit des espaces de progrès qui concernent tout le monde. Il sollicite individuellement chaque collaborateur dans ses comportements. Et il explicite ce qu'on attend des managers. Ce modèle se construit à partir des forces et des faiblesses de l'entreprise et dans une perspective qui rassemble et fédère.

Ainsi les managers passent du statut d'exécutants surchargés à celui de chefs d'orchestre. Encore faut-il qu'ils renoncent à jouer eux-mêmes la musique. Managers, faites-en moins, passez du statut d'homme-orchestre à celui de chef d'orchestre !

Index

Table des matières